Das Buch Henoch

Das Buch Henoch

übersetzt von
Andreas Gottlieb Hoffmann

Omnium Verlag Berlin

ISBN 978-3-942378-85-7
1. Auflage 2013
Omnium Verlag, Berlin
Umschlagabbildung: Gerard Hoet et al.
Druck: Print House DB, Sofia
Printed in the EU

Erster Abschnitt

Kapitel 1

1. Die Segensworte Henochs, womit er segnete die Auserwählten und die Gerechten, welche leben werden in der Zeit der Trübsal, wo verworfen werden alle Bösen und Gottlosen. Henoch, ein gerechter Mann, welcher mit Gott war, redete und sprach, als seine Augen geöffnet worden und er gesehen ein heiliges Gesicht in den Himmeln: Dies zeigten mir die Engel.
2. Von ihnen hörte ich alle Dinge und verstand, was ich sah; das, was nicht in diesem Geschlecht geschehen wird, sondern in einem Geschlecht, welches in ferner Zeit um der Auserwählten willen kommen wird.
3. Um ihretwillen sprach und redete ich mit ihm, der da hervorgehen wird aus seiner Wohnung, dem Heiligen und Mächtigen, dem Gott der Welt,
4. welcher dann treten wird auf den Berg Sinai, erscheinen wird mit seinem Heer und sich offenbaren wird mit der Stärke seiner Macht vom Himmel.
5. Alles wird erschrecken und die Wächter werden bestürzt sein.
6. Große Furcht und großes Zittern wird sie ergreifen bis zu den Enden der Erde. Die erhabenen Berge werden erbeben, die hohen Hügel werden erniedrigt und werden schmelzen wie Honigseim im Feuer. Die Erde wird überflutet werden und alles, was auf derselben ist, wird umkommen, wenn das Gericht kommt über alle, auch die Gerechten.
7. Aber ihnen wird er Friede geben; er wird die Auserwählten erhalten und gnädig gegen sie sein.
8. So werden denn alle Gottes sein, glücklich und gesegnet, und der Glanz Gottes wird sie erleuchten.
9. Siehe! er kommt mit Myriaden seiner Heiligen, Gericht über sie zu halten, zu vertilgen die Bösen und zu strafen alles Fleisch über jegliches, was die Sünder und Gottlosen getan und begangen haben gegen ihn.

Kapitel 2

1. Alle, die im Himmel sind, wissen, was dort geschieht:
2. dass die himmlischen Lichter nicht ihre Bahn ändern, dass ein jedes aufgeht und untergeht nach seiner Ordnung, ein jedes zu seiner Zeit ohne Übertretung der Gebote. Sie sehen die Erde und vernehmen, was dort geschieht, vom Anfang bis zu ihrem Ende;
3. dass jedes Werk Gottes unveränderlich ist zur Zeit seiner Erscheinung. Sie schauen Sommer und Winter, dass die ganze Erde voll Wasser ist und dass die Wolken, der Tau und der Regen sie erfrischen.

Kapitel 3

1. Sie betrachten und sehen jeden Baum, wie er verdorrt und jedes Blatt abfällt, außer vierzehn Bäumen, welche ihr Laub nicht abwerfen, sondern warten von dem alten bis zum neuen, zwei oder drei Winter lang.

Kapitel 4

1. Wiederum bemerken sie in den Tagen des Sommers, dass die Sonne in demselben gerade in ihrem Anfange ist, wenn ihr nach einem bedeckten und schattigen Baume sucht wegen der brennenden Sonne, wenn die Erde von der heftigen Hitze versengt wird und ihr nicht zu wandeln vermögt, weder auf dem Erdboden noch auf den Felsen, infolge dieser Hitze.

Kapitel 5

1. Sie bemerken, wie die Bäume, wenn sie ihre grünen Blätter hervortreiben, sich bedecken und Früchte tragen; sie vernehmen alles und wissen, dass er, der ewig lebt, alles dieses für euch tut:
2. dass die Werke beim Beginn eines jeglichen Jahres, dass alle seine Werke ihm dienen und unveränderlich sind; doch

wenn Gott es beschlossen hat, so müssen alle Dinge vergehen.
3. Sie sehen auch, wie die Meere und die Flüsse allzumal erfüllen ihre Arbeit:
4. Aber ihr harret nicht in Geduld, noch vollbringt ihr die Befehle des Herrn; sondern ihr widerstrebt und verlästert seine Größe, und übelwollend sind die Worte in eurem befleckten Munde gegen seine Majestät.
5. Ihr Verdorrte am Herzen, kein Friede wird euch zuteilwerden!
6. Darum werdet ihr eure Tage verfluchen und die Jahre eures Lebens werden vergehen; unaufhörliche Verwünschung wird sich aufhäufen und ihr werdet keine Gnade erlangen.
7. In diesen Tagen werdet ihr euren Frieden vertauschen mit ewiger Verfluchung vonseiten aller Gerechten, und die Sünder werden euch unaufhörlich verwünschen,
8. euch mit den Gottlosen.
9. Die Auserwählten werden Licht, Freude und Friede besitzen und die Erde ererben.
10. Aber ihr, ihr Unheiligen, werdet verdammt werden.
11. Dann wird den Auserwählten Weisheit verliehen; sie alle werden leben und nicht wiederum aus Gottlosigkeit oder Hochmut Übertretung begehen, sondern sie werden sich demütigen im Besitz von Klugheit und die Übertretung nicht wiederholen.
12. Sie werden nicht verdammt werden während der ganzen Zeit ihres Lebens, noch sterben in Qual und Zorn; sondern die Zahl ihrer Tage wird erfüllt und sie werden alt in Frieden; und die Jahre ihrer Glückseligkeit werden gemehrt in Freude und in Friede für immer, so lange sie nur leben.

Zweiter Abschnitt

Kapitel 6

1. Es geschah, nachdem die Menschenkinder sich gemehrt hatten in diesen Tagen, dass ihnen herrliche und schöne Töchter geboren wurden.
2. Und als die Engel, die Söhne des Himmels, sie erblickten, entbrannten sie in Liebe zu ihnen und sprachen zueinander: Kommt, lasst uns für uns Weiber auswählen aus der Nachkommenschaft der Menschen und lasst uns Kinder zeugen.
3. Dann sprach Samjaza, ihr Anführer, zu ihnen: Ich fürchte, dass ihr vielleicht der Ausführung dieses Unternehmens abgeneigt werdet
4. und dass ich allein dulden müsste für ein schweres Verbrechen.
5. Aber sie antworteten ihm und sprachen: Wir schwören alle,
6. und wir verpflichten uns durch Verwünschungen gegenseitig, dass wir unser Vorhaben nicht ändern, sondern unser beabsichtigtes Unternehmen ausführen.
7. Dann schworen sie alle einander und alle verpflichteten sich durch gegenseitige Verwünschungen. Ihre Zahl betrug zweihundert, welche auf Ardis herabstiegen, den Gipfel des Berges Armon.
8. Dieser Berg wurde deshalb Armon genannt, weil sie geschworen hatten auf ihm und sich gebunden hatten durch gegenseitige Verwünschungen.
9. Dies sind die Namen ihren Häupter: Samjaza, welcher ihr Führer war, Urakabarameel, Akibeel, Tamiel, Ramuel, Danel, Azkeel, Sarakujal, Afael, Armers, Batraal, Anane, Zavebe, Samsaveel, Ertael, Turel, Jomjael, Arazjal. Dies waren die Vorsteher der zweihundert Engel, und die Übrigen waren mit ihnen.

Kapitel 7

1. Dann nahmen sie Weiber, ein jeder wählte sich; ihnen begannen sie sich zu nahen und ihnen wohnten sie bei, lehrten sie Zauberei, Beschwörungen und das Teilen von Wurzeln und Bäumen.
2. Und die Weiber empfingen und gebaren Riesen,
3. deren Länge dreihundert Ellen betrug. Diese verschlangen allen Erwerb der Menschen, bis es unmöglich wurde, sie zu ernähren.
4. Da wandten sie sich gegen Menschen, um sie zu essen,
5. und begannen, Vögel, Tiere, Gewürm und Fische zu verletzen, ihr Fleisch zu essen, eins nach dem andern, und ihr Blut zu trinken.
6. Dann tadelte die Erde die Ungerechten.

Kapitel 8

1. Überdies lehrte Azazjel die Menschen Schwerter machen und Messer, Schilde, Brustharnische, die Verfertigung von Spiegeln und die Bereitung von Armbändern und Schmuck, den Gebrauch der Schminke, die Verschönerung der Augenbrauen, den Gebrauch der Steine von jeglicher köstlichen und auserlesenen Gattung und von allen Arten der Farbe, sodass die Welt verändert wurde.
2. Gottlosigkeit nahm zu, Hurerei mehrte sich, und sie sündigten und verderbten alle ihren Weg.
3. Amazarak lehrte alle die Zauberer und Wurzelteiler,
4. Armers die Lösung der Zauberei,
5. Barkajal die Beobachter der Sterne,
6. Akibeel die Zeichen,
7. Tamiel lehrte Astronomie,
8. und Asaradel lehrte die Bewegung des Mondes.
9. Aber die Menschen klagten, da sie untergingen, und ihre Stimme gelangte bis zum Himmel.

Kapitel 9

1. Dann blickten Michael und Gabriel, Raphael, Surjal und Uriel vom Himmel herab und sahen die Menge Blutes, welche auf Erden vergossen war, und alle die Ungerechtigkeit, welche auf derselben geschehen war, und sagten zueinander: Hört die Stimme ihres Geschreis!
2. Die ihrer Kinder beraubte Erde schreit bis zum Tore des Himmels,
3. und jetzt klagen zu euch, o ihr Heiligen des Himmels, die Seelen der Menschen und sprechen: Schafft uns Gerechtigkeit bei dem Höchsten. Dann sagten sie zu ihrem Herrn, dem König: Herr der Herren, Gott der Götter, König der Könige! Der Thron deines Ruhmes ist immer und ewig, und immer und ewig wird dein Name geheiligt und verherrlicht. Du wirst gepriesen und verherrlicht.
4. Du hast alle Dinge geschaffen; du hast Macht über alle Dinge und alle Dinge liegen offen und klar vor dir. Du siehst alle Dinge und nichts kann dir verhehlt werden.
5. Du hast gesehen, was Azazjel getan hat, wie er jede Art von Bosheit auf der Erde gelehrt und der Welt alle verborgenen Dinge enthüllt hat, welche im Himmel geschehen.
6. Auch hat Samjaza Zauberei gelehrt, dem du Gewalt verliehen hast über die, welche ihm zugesellt sind. Sie sind miteinander zu den Töchtern der Menschen gegangen, haben bei ihnen gelegen, sind befleckt worden
7. und haben ihnen Verbrechen offenbart.
8. Die Weiber ingleichen haben Riesen geboren.
9. So ist die ganze Erde mit Blut und mit Bosheit erfüllt worden.
10. Und nun siehe, die Seelen derer, welche getötet worden sind, schreien
11. und klagen selbst bis zum Tore des Himmels.
12. Ihr Seufzen steigt auf; auch können sie der Ungerechtigkeit nicht entrinnen, welche auf Erden begangen wird. Du weißt alle Dinge, ehe sie sind.
13. Du weißt dieses und was von ihnen getan ist; doch du sprichst nicht zu uns.

14. Was haben wir ihnen in Rücksicht dieser Dinge zu tun?

Kapitel 10

1. Da sprach der Höchste, der Große und Heilige,
2. und sendete Arsajalaljur zum Sohne Lamechs
3. und sprach: Sage zu ihm in meinem Namen: Verbirg dich.
4. Dann verkünde ihm das Ende, welches im Begriff ist hereinzubrechen; denn die ganze Erde wird verderben; das Wasser der Flut wird über die ganze Erde kommen, und alles, was auf derselben ist, wird zerstört werden.
5. Und nun belehre ihn, wie er entrinnen möge und wie sein Same übrig bleiben wird auf der ganzen Erde.
6. Wiederum sprach der Herr zu Raphael: Binde den Azazjel an Händen und Füßen, wirf ihn in Finsternis, öffne die Wüste, welche in Dudael ist, und stoß ihn in dieselbe.
7. Wirf auf ihn scharfe und spitze Steine und decke ihn mit Finsternis.
8. Dort wird er bleiben immerdar; bedecke sein Antlitz, dass er das Licht nicht sehen kann,
9. und am großen Tage des Gerichts lass ihn ins Feuer werfen.
10. Belebe die Erde, welche die Engel verderbten, und verkünde ihr Leben, dass ich sie wieder beleben werde.
11. Nicht alle Menschen sollen umkommen infolge jeglichen Geheimnisses, wodurch die Wächter Zerstörung angerichtet und welches sie ihre Nachkommenschaft gelehrt haben.
12. Die ganze Erde ist verdorben durch die Wirkungen von Azajels Lehre. Ihm also schreibe das ganze Verbrechen zu.
13. Zu Gabriel aber sagte der Herr: Gehe zu den Beißern, den Verworfenen, zu den Kindern der Hurerei und vertilge die Kinder der Hurerei, die Nachkommenschaft der Wächter, aus der Menschen Mitte; führe sie heraus und errege sie einen gegen den andern. Lass sie umkommen durch Mord; denn Länge der Tage wird ihnen nicht zuteil.
14. Sie alle werden dich bitten, aber ihre Väter erlangen nichts in Rücksicht auf sie; denn sie werden auf ein ewiges Leben

hoffen, und dass sie leben mögen, ein jeder von ihnen fünfhundert Jahre.
15. Ingleichen sprach der Herr zu Michael: Gehe und verkünde dem Samjaza und den andern, welche bei ihm sind, welche sich mit Weibern vereinigten, um sich zu beflecken mit aller ihrer Unreinheit; und wenn alle ihre Söhne erschlagen sind, wenn sie den Untergang ihrer Geliebten sehen, so binde sie für siebzig Geschlechter unter die Erde, bis auf den Tag der Gerichts und der Vollendung, bis das Gericht, welches für ewig gilt, vollbracht ist.
16. Dann sollen sie hinweggeschafft werden in die untersten Tiefen des Feuers, in die Qualen und in den Kerkern eingeschlossen werden ewiglich.
17. Sogleich nach diesen soll er mit ihnen verbrannt werden und umkommen; gebunden sollen sie sein, bis da erfüllt sind viele Geschlechter.
18. Vertilge alle Seelen, welche der Torheit ergeben sind, und die Nachkommen der Wächter; denn sie haben die Kinder der Menschen unterdrückt.
19. Lass jeden Gewalttätigen umkommen von der Oberfläche der Erde;
20. vertilge jedes böse Werk;
21. die Pflanze der Gerechtigkeit und Rechtschaffenheit erscheine und ihr Hervorbringen werde zum Segen.
22. Gerechtigkeit und Rechtschaffenheit werden für ewige Zeiten gepflanzt mit Freuden.
23. Und dann werden alle Heiligen danken und leben, bis sie Tausend erzeugt haben, während die ganze Zeit ihrer Jugend und ihre Sabbate in Frieden vollendet werden. In diesen Tagen wird die ganze Erde in Gerechtigkeit bebaut; sie wird ganz mit Bäumen bepflanzt und mit Segen erfüllt, jeder Baum der Freude wird auf derselben gepflanzt werden.
24. Auf derselben werden Weinberge gepflanzt werden und der Wein, welcher darauf gepflanzt werden wird, wird Früchte tragen in Fülle; jeglicher Same, welchen man darauf sät, soll tausend Maß hervorbringen und ein Maß Oliven wird zehn Pressen Öl geben.

25. Reinige die Erde von aller Unterdrückung, von aller Ungerechtigkeit, von allem Verbrechen, von aller Gottlosigkeit und von aller Befleckung, welche darauf begangen worden ist. Vertilge sie von der Erde.
26. Dann werden alle Menschenkinder gerecht sein, und alle Völker werden mir göttliche Verehrung erweisen und mich segnen; alles wird mich anbeten.
27. Die Erde wird gereinigt von aller Verdorbenheit, von jedem Verbrechen, von aller Strafe und von allem Leiden; auch werde ich nicht wieder eine Flut auf sie kommen lassen von Geschlecht auf Geschlecht ewiglich.

Kapitel 11

1. In diesen Tagen werde ich auftun die Schätze des Segens, welche im Himmel sind, dass ich sie herabkommen lasse auf die Erde und alle Werke und Arbeit der Menschen.
2. Friede und Billigkeit sollen Genossen der Menschenkinder sein alle Tage der Welt und in jedem Geschlecht derselben.

Dritter Abschnitt

Kapitel 12

1. Vor allen diesen Dingen war Henoch verborgen, auch wusste niemand von den Menschenkindern, wo er verborgen war, wo er gewesen und was geschehen war.
2. Er war ganz beschäftigt mit den Heiligen und mit den Wächtern in seinen Tagen.
3. Ich, Henoch, lobte den großen Herrn und König des Friedens.
4. Und siehe! die Wächter nannten mich Henoch den Schreiber.
5. Dann sagte er zu mir: Henoch, Schreiber der Gerechtigkeit, gehe und verkünde den Wächtern des Himmels, wel-

che den hohen Himmel und ihre ewige Wohnung verließen, sich mit Weibern befleckten
6. und taten, wie die Söhne der Menschen tun, indem sie sich Weiber nahmen und sich sehr befleckten auf der Erde:
7. dass sie auf der Erde nimmer Friede und Vergebung der Sünde erlangen werden. Denn sie werden sich ihrer Nachkommenschaft nicht freuen, sondern die Ermordung ihrer Geliebten schauen; sie werden klagen über den Untergang ihrer Söhne und bitten immerdar, aber sie werden keine Gnade noch Frieden erlangen.

Kapitel 13

1. Darauf ging ich, Henoch, weiter und sprach zu Azazjel: Du wirst keinen Frieden erhalten; ein großes Urteil ist gegen dich ergangen. Er wird dich binden;
2. nimmer wird Erleichterung, Gnade und Fürbitte dir werden um der Unterdrückung willen, welche du gelehrt hast,
3. und wegen jeder Tat der Gotteslästerung, Tyrannei und Sünde, welche du den Menschenkindern gezeigt hast.
4. Dann ging ich hinweg und sprach zu ihnen allen insgesamt;
5. und sie alle erschraken und zitterten.
6. Sie ersuchten mich, für sie eine Bittschrift aufzusetzen, damit sie Vergebung erhielten, und die Schrift ihres Gebets hinaufzubringen vor den Gott des Himmels; denn sie konnten sich von der Zeit an nicht mehr selber an ihn wenden, noch ihre Augen zum Himmel erheben wegen der schmählichen Missetat, um derentwillen sie gerichtet sind.
7. Dann schrieb ich eine Schrift ihres Betens und Flehens für ihre Seelen, über alles, was sie getan hatten, und über den Gegenstand ihres Gesuchs, dass sie Vergebung und Ruhe erhalten möchten.
8. Weitergehend schritt ich über die Wasser des Dan in Dan, welcher an der rechten Seite gegen Westen des Armon ist, und las die Urkunde ihrer Bitte, bis ich in Schlaf fiel.
9. Und siehe! ein Traum kam zu mir, und Gesichte erschienen über mir. Ich fiel nieder und sah ein Gesicht der Stra-

fe, damit ich es den Söhnen des Himmels schilderte und sie zurechtwiese. Als ich erwachte, ging ich zu ihnen. Alle standen weinend beisammen in Ubelsejael, welches zwischen Libanos und Seneser liegt, mit verhülltem Antlitz.
10. Ich erzählte in ihrer Gegenwart alle Gesichte, welche ich gesehen hatte, und meinen Traum.
11. Und ich fing an, diese Worte der Gerechtigkeit auszusprechen und die Wächter des Himmels zurechtzuweisen.

Kapitel 14

1. Dies ist das Buch der Worte der Gerechtigkeit und der Zurechtweisung der Wächter, welche der Welt angehören, zufolge dem, was er, welcher heilig und groß ist, in dem Gesichte befahl. Ich nahm in meinem Traum wahr, dass ich jetzt sprach mit einer Zunge von Fleisch, mit meinem Atem, welchen der Allmächtige in den Mund der Menschen gesetzt hat, dass sie damit reden möchten,
2. und vernahm mit dem Herzen. So wie er geschaffen und gegeben hat den Menschen die Kraft, das Wort des Verstandes zu verstehen, so hat er geschaffen und mir gegeben die Kraft, die Wächter zurechtzuweisen, die Sprösslinge des Himmels. Ich habe geschrieben euer Gesuch, und in meinem Gesicht ist mir gezeigt worden, dass das, um was ihr bittet, euch nicht gewährt werden wird, so lange als die Welt dauert.
3. Gericht ist ergangen über euch; gewährt wird euch nichts.
4. Von dieser Zeit an werdet ihr niemals hinaufsteigen in den Himmel; er hat gesagt, dass er euch binden will auf der Erde, so lange als die Welt dauert.
5. Doch vor diesen Dingen sollt ihr schauen die Vernichtung eurer geliebten Söhne; ihr werdet sie nicht mehr besitzen, sondern sie sollen fallen vor euch durch das Schwert.
6. Und ihr sollt nicht bitten für sie und nicht für euch selbst.
7. Aber ihr werdet weinen und flehen in Schweigen. Dies die Worte des Buches, welches ich schrieb.
8. Ein Gesicht erschien mir also:

9. Siehe! in diesem Gesicht luden Wolken und ein Nebel mich ein, sich bewegende Sterne und Strahlen von Licht trieben und schoben mich fort, während Winde in dem Gesicht meinen Flug begünstigten und mein Weitergehen beschleunigten.
10. Sie hoben mich zum Himmel in die Höhe. Ich schritt vorwärts, bis ich an eine Mauer kam, gebaut aus Steinen von Kristall. Eine zitternde Flamme umgab sie, welche mich in Schrecken zu setzen begann.
11. In diese zitternde Flamme trat ich ein.
12. Und ich näherte mich einer geräumigen Wohnung, welche auch mit Steinen von Kristall gebaut war. Sowohl ihre Wände als ihr Fußboden waren mit Steinen von Kristall, und von Kristall war auch der Grund. Ihr Dach hatte das Ansehen von Sternen, die sich heftig bewegen, und von leuchtenden Blitzen, und unter ihnen waren Cherubs von Feuer, und ihr Himmel war Wasser. Eine Flamme brannte rings um ihre Mauern, und ihr Portal loderte von Feuer. Als ich in diese Wohnung trat, war sie heiß wie Feuer und kalt wie Eis. Keine Luft oder Leben war dort. Schrecken überwältigte mich und ein furchtbares Zittern ergriff mich.
13. Heftig bewegt und zitternd fiel ich auf mein Antlitz. In dem Gesicht sah ich,
14. und siehe! da war eine andere geräumigere Wohnung, zu welcher jeder Eingang vor mir offen war, errichtet in einer zitternden Flamme.
15. So sehr zeichnete sie sich in aller Hinsicht aus, an Glanz, an Pracht und an Größe, dass es unmöglich ist, euch ihre Pracht oder ihre Ausdehnung zu beschreiben.
16. Ihr Fußboden war aus Feuer, oben waren Blitze und sich bewegende Sterne, während ihr Dach ein loderndes Feuer zeigte.
17. Aufmerksam betrachtete ich sie und sah, dass sie einen erhabenen Thron enthielt,
18. der von Ansehen dem Reife ähnlich war, während sein Umfang dem Kreise der glänzenden Sonne glich; und da war die Stimme der Cherubs.

19. Unten von diesem mächtigen Throne her strömten Bäche lodernden Feuers.
20. Auf ihn zu sehen war unmöglich.
21. Ein Großer in Herrlichkeit saß darauf,
22. dessen Kleid war glänzender als die Sonne und weißer als Schnee.
23. Kein Engel vermochte hindurchzudringen, zu schauen das Antlitz desselben, des Herrlichen und Strahlenden; auch konnte kein Sterblicher ihn ansehen. Ein Feuer loderte rings um ihn.
24. Ein Feuer auch von großem Umfange stieg immerwährend vor ihm auf, sodass keiner von denjenigen, welche ihn umgaben, imstande war, sich ihm zu nähern, unter den Myriaden, welche vor ihm waren. Für ihn war heilige Beratschlagung unnötig. Gleichwohl gingen die Geheiligten, welche in seiner Nähe waren, nicht von ihm hinweg, weder bei Nacht noch bei Tage, noch wurden sie entfernt von ihm. Ich war auch so weit vorgegangen mit einem Schleier vor meinem Gesicht und zitternd. Da rief mich der Herr mit seinem Munde und sagte: Nahe dich hierher, Henoch, zu meinem heiligen Worte.
25. Und er hob mich auf und brachte mich bis gerade an den Eingang. Mein Auge war auf den Boden gerichtet.

Kapitel 15

1. Alsdann sich zu mir wendend, sprach er und sagte: Höre und fürchte nichts, o gerechter Henoch, du Schreiber der Gerechtigkeit! Nahe dich hierher und höre meine Stimme. Gehe, sage den Wächtern des Himmels, welche dich gesendet haben, für sie zu bitten: Ihr sollt bitten für Menschen und nicht Menschen für euch.
2. Warum habt ihr verlassen den hohen und heiligen Himmel, welcher ewiglich dauert, und habt gelegen bei Weibern, euch befleckt mit den Töchtern der Menschen, euch Weiber genommen, gehandelt wie die Söhne der Erde, und gezeugt eine gottlose Nachkommenschaft?

3. Ihr, die ihr geistig, heilig seid und ein Leben lebt, welches ewig ist, habt euch befleckt mit Weibern, habt gezeugt in fleischlichem Blute, habt begehrt des Blutes der Menschen, und habt getan, wie diejenigen tun, welche Fleisch und Blut sind.
4. Diese jedoch sterben und kommen um.
5. Darum habe ich ihnen Weiber gegeben, auf dass sie ihnen beiwohnten, damit Söhne möchten geboren werden von ihnen, und dass dies möge geschehen auf Erden.
6. Aber ihr wurdet von Anfang an als Geister geschaffen und besitzt ein Leben, welches ewig ist, und seid nicht unterworfen dem Tode bis in Ewigkeit.
7. Daher machte ich nicht Weiber für euch, dieweil ihr seid geistig und eure Wohnung ist im Himmel.
8. Nun aber die Riesen, welche geboren sind von Geist und von Fleisch, werden auf Erden böse Geister genannt werden, und auf Erden wird ihre Wohnung sein. Böse Geister werden hervorgehen aus ihrem Fleisch, weil sie geschaffen wurden von oben; von den heiligen Wächtern war ihr Anfang und ursprüngliche Gründung. Böse Geister werden sie sein auf Erden, und Geister der Gottlosen werden sie genannt werden. Die Wohnung der Geister des Himmels soll sein im Himmel, aber auf Erden wird sein die Wohnung der irdischen Geister, welche geboren werden auf Erden.
9. Die Geister der Riesen werden sein wie Wolken, welche bedrücken, verderben, fallen, streiten und verletzen werden auf Erden.
10. Sie werden Wehklage veranlassen. Keine Speise werden sie essen, und sie werden dürsten; sie werden verborgen sein, und nicht immer sollen sich die Geister gegen die Söhne der Menschen und gegen die Weiber erheben; denn sie kamen hervor während der Tage des Blutvergießens und der Vernichtung.

Kapitel 16

1. Bei dem Tode der Riesen, wohin auch ihre Geister gewandert sein mögen aus ihren Körpern, lass das, was fleischlich in ihnen ist, untergehen vor dem Gericht. So werden sie untergehen bis zum Tage der großen Vollendung der großen Welt. Stattfinden wird eine Vollendung der Wächter und der Gottlosen.
2. Und nun zu den Wächtern, welche dich gesendet haben, für sie zu bitten, welche im Anfange im Himmel waren,
3. sprich: Im Himmel seid ihr gewesen; geheime Dinge sind euch zwar nicht offenbart worden, doch habt ihr ein ruchloses Geheimnis gewusst.
4. Und dies habt ihr in der Härte eures Herzens Weibern erzählt, und durch dieses Geheimnis haben Weiber und Menschen das Übel auf Erden vervielfacht.
5. Sage zu ihnen: Niemals also werdet ihr Frieden erhalten.

Vierter Abschnitt

Kapitel 17

1. Sie hoben mich in die Höhe an einen Platz, wo da war die Erscheinung eines brennenden Feuers; und wenn es ihnen gefiel, so nahmen sie die Gestalt von Menschen an.
2. Sie führten mich auf einen hohen Ort, auf einen Berg, dessen Spitze bis zum Himmel reichte.
3. Und ich sah die Behältnisse des Lichtes und des Donners an den Enden des Platzes, wo er am tiefsten war. Da war ein Bogen von Feuer, und Pfeile in ihrem Köcher, ein Schwert von Feuer, und jede Art von Blitz.
4. Alsdann hoben sie mich in die Höhe zu einem plätschernden Strome und zu einem Feuer im Westen, welches jeden Untergang der Sonne aufnahm. Ich kam zu einem Fluss von Feuer, welcher wie Wasser floss und sich ausleerte in den großen See gegen Westen.

5. Ich sah alle breiten Flüsse, bis ich zu der großen Finsternis kam. Ich ging dahin, wohin alles Fleisch wandert, und ich schaute die Berge der Dunkelheit, welche Winter macht, und die Stelle, von wo das Wasser ausströmt in jeden Abgrund.
6. Ich sah auch die Mündungen aller Flüsse in der Welt und die Mündungen in der Tiefe.

Kapitel 18

1. Ich überblickte dann die Behältnisse aller Winde und nahm wahr, dass sie beitrugen zur Zierde der ganzen Schöpfung und zur Erhaltung der Grundlage der Erde.
2. Ich betrachtete den Stein, welcher die Winkel der Erde trägt.
3. Ich sah auch die vier Winde, welche die Erde und das Firmament des Himmels stützen.
4. Und ich sah die Winde wirksam an der Höhe des Himmels, welche
5. in der Mitte des Himmels und der Erde entstehen und die Pfeiler des Himmels bilden.
6. Ich sah die Winde, welche den Himmel drehen, welche den Kreis der Sonne und aller Sterne untergehen lassen, und über der Erde sah ich die Winde, welche die Wolken tragen.
7. Ich sah den Pfad der Engel.
8. Ich nahm am Ende der Erde das Firmament des Himmels über ihr wahr. Alsdann ging ich gegen Süden zu,
9. wo sowohl bei Tage als bei Nacht sechs Berge brannten, gebildet von herrlichen Steinen, drei gegen Osten und drei gegen Süden.
10. Diejenigen, welche gegen Osten waren, waren von einem bunten Stein; einer davon war von Perle und ein anderer von Spiesglas. Die gegen Süden waren von einem roten Stein. Der mittlere reichte bis zum Himmel, gleich dem Throne Gottes von Alabaster, dessen Spitze von Saphir war. Ich sah auch ein glänzendes Feuer, welches über allen den Bergen war.

11. Und da sah ich einen Platz auf der anderen Seite eines ausgedehnten Landes, wo Wasser angesammelt war.
12. Ich sah auch irdische Quellen tief in den feurigen Säulen des Himmels.
13. Und in den Säulen des Himmels sah ich Feuer, welche herabstiegen ohne Zahl, doch weder in die Höhe noch in die Tiefe. Über diesen Quellen nahm ich auch einen Platz wahr, welcher weder das Firmament des Himmels über sich hatte noch den festen Grund unter sich; weder war Wasser über ihm noch irgendetwas zur Seite, sondern der Platz war öde.
14. Und da sah ich sieben Sterne, gleich großen glänzenden Bergen und gleich Geistern mich bittend.
15. Alsdann sagte der Engel: Dieser Platz wird bis zur Vollendung von Himmel und Erde das Gefängnis der Sterne und der Heerscharen des Himmels sein.
16. Die Sterne, welche sich über Feuer bewegen, sind diejenigen, welche den Befehl Gottes überschritten, bevor ihre Zeit gekommen; denn sie kamen nicht in ihrer rechten Zeit. Darum wurde er erzürnt gegen sie und band sie, bis zur Periode der Vollendung ihrer Strafe in dem verborgenen Jahre.

Kapitel 19

1. Alsdann fragte Uriel: Hier die Engel, welche Weibern beiwohnten, sich ihre Anführer bestimmend,
2. und zahlreich in ihrer Erscheinung, Menschen ruchlos machten und sie zu Irrtümern verleiteten, sodass sie Teufeln wie Göttern opferten. Denn an dem großen Tage wird ein Gericht sein, in welchem sie sollen gerichtet werden, bis sie vernichtet sind, und auch ihre Weiber sollen gerichtet werden, welche die Engel des Himmels verführten ohne Widerstand.
3. Und ich, Henoch, ich allein sah das Gleichnis des Endes aller Dinge, und kein menschliches Wesen sah es, so wie ich es sah.

Kapitel 20

1. Folgendes sind die Namen der Engel, welche wachen:
2. Uriel, einer von den heiligen Engeln, welcher gesetzt ist über Lärmen und Schrecken.
3. Raphael, einer von den heiligen Engeln, welcher gesetzt über die Seelen der Menschen.
4. Raguel, einer von den heiligen Engeln, welcher Strafe verhängt über die Welt und die Lichter.
5. Michael, einer von den heiligen Engeln, welcher, gesetzt über menschliche Tugend, die Völker beherrscht.
6. Sarakiel, einer von den heiligen Engeln, welcher gesetzt über die Seelen der Kinder der Menschen, welche sündigen.
7. Gabriel, einer von den heiligen Engeln, welcher gesetzt ist über Ikisat, über das Paradies und über die Cherubs.

Kapitel 21

1. Alsdann machte ich einen Kreislauf zu einem Platze, auf welchem nichts vollendet war.
2. Und da sah ich weder das Ehrfurcht gebietende Werk eines erhabenen Himmels noch einer festgestellten Erde, sondern einen öden Raum, bereitgehalten und furchtbar.
3. Da auch sah ich sieben Sterne des Himmels darin zusammengebunden, gleich großen Bergen und gleich einem glänzenden Feuer. Ich rief aus: Wegen welcher Art von Verbrechen sind sie gebunden und warum sind sie entfernt worden an diesen Platz? Darauf antwortete Uriel, einer von den heiligen Engeln, welcher bei mir war und welcher mich führte: Henoch, warum fragst du, warum forschst du bei dir und suchst ängstlich? Dies sind die von den Sternen, welche den Befehl des höchsten Gottes übertreten haben und hier gebunden sind, bis die unendliche Anzahl der Tage ihrer Strafe vollendet ist.
4. Von da ging ich nachher weiter zu einem anderen furchtbaren Platze,

5. wo ich die Tätigkeit eines großen lodernden und glänzenden Feuers sah, in dessen Mitte eine Trennung stattfand. Feuersäulen bekämpften einander bis zu dem Ende des Abgrundes; und tief war der Abhang. Doch weder sein Maß noch seine Größe war ich imstande zu entdecken; auch konnte ich seinen Ursprung nicht wahrnehmen. Da rief ich aus: Wie furchtbar ist dieser Platz und wie schwer zu erforschen!
6. Uriel, einer von den heiligen Engeln, welcher bei mir war, antwortete und fragte: Henoch, warum bist du erschrocken und erstaunt über diesen schrecklichen Platz, bei dem Anblick dieses Platzes des Leidens? Dies, sagte er, ist das Gefängnis der Engel, und hier werden sie gehalten für immer.

Fünfter Abschnitt

Kapitel 22

1. Von da ging ich weiter zu einem anderen Raume, wo ich im Westen einen großen und hohen Berg sah, einen starken Felsen und vier liebliche Plätze.
2. Innerlich war er tief, geräumig und sehr glatt, so glatt, als wenn er überwalzt worden wäre; er war sowohl tief als finster anzusehen.
3. Alsdann antwortete Raphael, einer von den heiligen Engeln, welche bei mir waren, und sagte: Dies sind die lieblichen Plätze, wo die Geister, die Seelen der Toten, werden versammelt werden; für sie wurden sie eingerichtet, und hier werden alle Seelen der Menschensöhne versammelt werden.
4. Diese Plätze, in welchen sie wohnen, sollen sie einnehmen bis zum Tage des Gerichts und bis zu ihrer bestimmten Zeit.
5. Ihre bestimmte Zeit wird lang sein, gerade bis zum großen Gericht. Und ich sah die Geister der Menschensöhne, wel-

che gestorben waren, und ihre Stimmen reichten zum Himmel, indem sie anklagten.
6. Alsdann fragte ich Raphael, einen Engel, welcher bei mir war, und sagte: Wessen Geist ist der, dessen Stimme zum Himmel reicht und anklagt?
7. Er antwortete und sagte: Dies ist der Geist Abels, welcher erschlagen wurde von Kain, seinem Bruder, und er wird ihn anklagen, bis sein Same vernichtet ist von der Oberfläche der Erde,
8. bis sein Same verschwindet aus den Samen des menschlichen Geschlechts.
9. Zu dieser Zeit also erkundigte ich mich über ihn und über das allgemeine Gericht und sagte: Warum ist einer von dem anderen getrennt? Er antwortete: Dreies ist gemacht worden zwischen die Geister der Toten, und so sind die Geister der Gerechten getrennt worden,
10. nämlich eine Kluft, Wasser und Licht darüber.
11. Und auf dieselbe Weise werden auch Sünder getrennt, wenn sie sterben und in der Erde begraben werden, hat sie das Gericht nicht ereilt bei ihren Lebzeiten.
12. Hier werden ihre Seelen getrennt. Überdies ist ihr Leiden groß bis zur Zeit des großen Gerichts, der Züchtigung und der Qual derjenigen, welche ewig verfluchen, deren Seelen gestraft und gebunden werden bis in Ewigkeit.
13. Und so ist es gewesen vom Anfange der Welt an. So war dort vorhanden eine Trennung zwischen den Seelen derjenigen, welche Klagen vorbringen, und derjenigen, welche lauern auf ihre Vernichtung, sie zu morden an dem Tage der Sünder.
14. Ein Behältnis dieser Art ist gemacht worden für die Seelen der ungerechten Menschen und der Sünder, derjenigen, welche Verbrechen vollbracht und sich zu den Gottlosen gesellt haben, denen sie gleichen. Ihre Seelen sollen nicht vernichtet werden am Tage des Gerichts, noch sollen sie auferstehen von diesem Platze. Alsdann pries ich Gott,
15. und sagte: Gepriesen sei mein Herr, der Herr der Herrlichkeit und der Gerechtigkeit, welcher regiert über alles von Ewigkeit zu Ewigkeit.

Kapitel 23

1. Von da ging ich zu einem anderen Platze, gegen Westen, bis an die Enden der Erde,
2. wo ich ein Feuer lodern und ohne Aufhören fortlaufen sah, welches seinen Lauf weder bei Tage noch bei Nacht unterbrach, sondern immer denselben fortsetzte.
3. Ich erkundigte mich und sagte: Was ist dies, welches niemals aufhört?
4. Darauf antwortete Raguel, einer von den heiligen Engeln, welche bei mir waren,
5. und sagte: Dieses lodernde Feuer, welches du gegen Westen laufen siehst, ist das aller Lichter des Himmels.

Kapitel 24

1. Ich ging von da zu einem anderen Platze und sah einen Berg von Feuer, welches auflodorte sowohl bei Tage als bei Nacht. Ich ging nach ihm zu und nahm sieben glänzende Berge wahr, welche alle voneinander verschieden waren.
2. Ihre Steine waren glänzend und schön; alle waren glänzend und prächtig anzusehen, und schön war ihre Oberfläche. Drei waren gegen Osten und dadurch verstärkt, dass einer auf den andern gestellt war, und drei waren gegen Süden, verstärkt in einer ähnlichen Weise. Da waren auch tiefe Täler, welche einander nicht nahekamen. Und der siebente Berg war in der Mitte derselben. In der Lage glichen sie alle dem Sitze eines Thrones, und wohlriechende Bäume umgaben sie.
3. Unter diesen war ein Baum von einem unablässigen Geruch; auch von denen, welche in Eden waren von allen den riechenden Bäumen, war keiner von Geruch wie dieser. Sein Laub, seine Blüte und seine Rinde wurden niemals welk, und seine Frucht war schön.
4. Seine Frucht glich der Traube der Palme. Ich rief aus: Siehe! dieser Baum ist trefflich zum Ansehen, angenehm in seinem Laube, und der Anblick seiner Frucht ist ergötzlich für das Auge. Darauf antwortete Michael, der einer von

den heiligen und herrlichen Engeln war, welche bei mir waren und denen er vorstand.

Kapitel 25

1. Und er sagte: Henoch, warum erkundigst du dich über den Geruch dieses Baumes,
2. bist begierig dies zu wissen?
3. Alsdann versetzte ich, Henoch, ihm und sagte: In Betreff jedes Dinges bin ich begierig nach Belehrung, doch vorzüglich in Betreff dieses Baumes.
4. Er antwortete mir und sagte: Dieser Berg, welchen du siehst und dessen Haupt in seiner Ausdehnung dem Sitze des Herrn gleicht, wird der Sitz sein, auf welchem sitzen wird der heilige und große Herr der Herrlichkeit, der ewige König, wenn er kommen und herabsteigen wird, um die Erde mit Güte heimzusuchen.
5. Und diesen Baum von einem angenehmen Geruch, nicht von einem fleischlichen, wird man nicht anrühren können bis zur Zeit des großen Gerichts. Wenn alle bestraft und für immer vernichtet sein werden, soll dieser für die Gerechten und Demütigen bestimmt sein. Die Frucht von diesem soll den Auserwählten gegeben werden. Denn gegen Norden soll Leben gepflanzt werden an der heiligen Stelle, gegen die Wohnung des ewigen Königs.
6. Alsdann werden sie sich sehr freuen und frohlocken in dem Heiligen. Der angenehme Geruch wird in ihr Gebein dringen, und sie werden ein langes Leben auf der Erde leben, wie deine Vorfahren gelebt haben, und in ihren Tagen werden Kummer, Elend, Unruhe und Strafe sie nicht quälen.
7. Und ich pries den Herrn der Herrlichkeit, den ewigen König, weil er bereitet hat für die Heiligen, ihn gemacht und verkündigt, dass er ihn ihnen geben werde.

Kapitel 26

1. Von da ging ich zu der Mitte der Erde und sah ein glückliches und fruchtbares Land, welches Zweige enthielt, immerwährend sprossend aus den Bäumen, welche darauf gepflanzt waren. Da sah ich einen heiligen Berg und unter ihm Wasser auf der östlichen Seite, welches gegen Süden floss. Ich sah auch auf der Ostseite einen anderen Berg, ebenso hoch wie diesen, und zwischen ihnen waren tiefe, aber nicht weite Täler.
2. Wasser floss gegen den Berg westlich von diesem, und unten war wieder ein anderer Berg.
3. Da war ein Tal, doch kein weites, unter ihm, und in der Mitte von ihnen waren andere tiefe und trockene Täler gegen das Ende der drei. Alle diese Täler, welche tief, aber nicht weit waren, bestanden aus einem festen Felsen mit einem Baume, welcher in sie gepflanzt war. Und ich wunderte mich über den Felsen und über die Täler und war äußerst erstaunt.

Kapitel 27

1. Alsdann sagte ich: Was deuten dieses gesegnete Land, alle diese hohen Bäume und das verwünschte Land zwischen ihnen an?
2. Darauf versetzte Uriel, einer von den heiligen Engeln, welche bei mir waren: Dieses ist das verwünschte Tal der Verwünschten bis in Ewigkeit. Hier sollen alle versammelt werden, welche mit ihrem Munde ungeziemende Reden gegen Gott ausstoßen und widrige Dinge sprechen von seiner Herrlichkeit. Hier werden sie versammelt werden. Hier wird ihr Land sein.
3. In den letzten Tagen soll ein Beispiel von Gericht gehalten werden über sie in Gerechtigkeit vor den Heiligen, wo diejenigen, welche Gnade erhalten haben, bis in Ewigkeit, alle ihre Tage, Gott preisen werden, den ewigen König.
4. Und zu dieser Zeit des Gerichts sollen sie ihn preisen für seine Gnade, weil er sie ihnen erteilt hat. Alsdann pries ich

Gott, wendete mich zu ihm und gedachte, wie es sich geziemte, seiner Größe.

Kapitel 28

1. Von da ging ich gegen Osten zu der Mitte des Berges in der Wüste, wovon ich nur die ebene Oberfläche wahrnahm.
2. Sie war voll von Bäumen des erwähnten Samens, und Wasser lief daran herab.
3. Da zeigte sich ein Wasserfall, wie zusammengesetzt aus mehreren Wasserfällen, sowohl gegen Westen als gegen Osten. Auf einer Seite waren Bäume, auf der andern Wasser und Tau.

Kapitel 29

1. Alsdann ging ich zu einem anderen Platze aus der Wüste, gegen Osten des Berges, welchem ich mich genaht hatte.
2. Da sah ich Bäume des Gerichts, besonders die Träufler des angenehmen Geruchs von Weihrauch und Myrrhe.

Kapitel 30

1. Und darüber, höher als sie, war die Erhöhung des östlichen Berges in nicht großer Entfernung.
2. Ich sah auch einen anderen Platz mit Tälern von Wasser, welches niemals abnahm.
3. Ich nahm einen schönen Baum wahr, welcher im Geruch ähnlich war dem Mastix.
4. Und zu den Seiten dieser Täler nahm ich Zimt von einem angenehmen Geruch wahr. Über sie ging ich weiter gegen Osten.

Kapitel 31

1. Alsdann sah ich einen anderen Berg, Bäume enthaltend, woraus Wasser floss gleich Nektar. Sein Name war Sarira

und Kalboneba. Und auf diesem Berge sah ich einen anderen Berg, auf welchem Aloebäume waren.
2. Diese Bäume waren voll, gleich Mandelbäumen, und stark, und wenn sie Frucht hervorbrachten, so übertraf sie allen Wohlgeruch.

Kapitel 32

1. Nach diesen Dingen betrachtete ich die Eingänge des Nordens über den Bergen und nahm sieben Berge wahr, angefüllt mit reiner Spieke, wohlriechenden Bäumen, Zimt und Papyrus.
2. Von da ging ich weiter über die Spitzen dieser Berge, eine Strecke östlich, und ging über das erythräische Meer. Und als ich weit über dasselbe hinausgekommen war, ging ich weiter fort über den Engel Zateel und kam zu dem Garten der Gerechtigkeit. In diesem Garten sah ich unter anderen Bäumen einige, welche zahlreich und groß waren und welche da blühten.
3. Ihr Geruch war gut und kräftig und ihr Aussehen verschieden und schön. Der Baum der Erkenntnis war auch da, durch welchen jeder, der davon isst, mit großer Weisheit begabt wird.
4. Er war ähnlich einer Art Tamarinde und trug Frucht, welche äußerst feinen Trauben glich, und sein Wohlgeruch erstreckte sich bis zu einer beträchtlichen Entfernung. Ich rief aus: Wie schön ist dieser Baum, und wie ergötzlich ist sein Anblick!
5. Darauf antwortete der heilige Raphael, ein Engel, welcher bei mir war, und sagte: Dies ist der Baum der Erkenntnis, von welchem dein alter Vater und deine verwitwete Mutter aßen, welche vor dir waren und welche Erkenntnis empfingen, indem ihre Augen geöffnet wurden, und sie sahen, dass sie nackt waren, aber aus dem Garten vertrieben wurden.

Kapitel 33

1. Von da ging ich weiter gegen die Enden der Erde, wo ich große Tiere sah, verschieden voneinander, und Vögel, verschieden in ihrem Ansehen und der Gestalt, auch mit Gesängen von verschiedenen Tönen.
2. Gegen Osten dieser Tiere nahm ich die Enden der Erde wahr, wo der Himmel aufhörte. Die Pforten des Himmels standen offen, und ich sah die himmlischen Sterne herauskommen. Ich zählte sie, wie sie heraustraten aus der Pforte, und schrieb sie alle auf, wie sie herauskamen einer nach dem andern, nach ihrer Zahl, ihre Namen allzumal, ihre Zeiten und ihre Jahreszeiten, so wie der Engel Uriel, welcher bei mir war, sie mir angezeigt hatte.
3. Er zeigte mir alle und verzeichnete sie.
4. Er schrieb auch für mich ihre Namen, ihre Einrichtungen und ihre Wirkungen nieder.

Kapitel 34

1. Von da ging ich gegen Norden, zu den Enden der Erde.
2. Und da sah ich ein großes und herrliches Wunder an den Enden der ganzen Erde.
3. Ich sah da himmlische Pforten, sich öffnend in den Himmel; drei von ihnen deutlich getrennt. Die Nordwinde kamen aus ihnen heraus und wehten Kälte, Hagel, Frost, Schnee, Tau und Regen.
4. Aus einer der Pforten wehten sie mild, doch wehten sie aus den zwei anderen, so geschah es mit Heftigkeit und Gewalt. Sie wehten stark über die Erde.

Kapitel 35

1. Von da ging ich zu den Enden der Welt gegen Westen,
2. wo ich drei offenen Pforten wahrnahm, so wie ich in dem Norden gesehen hatte; die Pforten und Wege durch sie waren von gleicher Größe.

Kapitel 36

1. Alsdann ging ich zu den Enden der Erde gegen Süden, wo ich drei Pforten sah, offen gegen Süden, aus welchen Tau, Regen und Wind ausströmte.
2. Von da ging ich zu den Enden des Himmels ostwärts, wo ich drei himmlische Pforten sah, offen gegen Osten, welche innerhalb kleinere Pforten hatten. Durch jede dieser kleineren Pforten gingen die Sterne des Himmels und liefen gegen Westen auf einem Pfade, welcher von ihnen gesehen wurde, und dies zu jeder Zeit.
3. Als ich es sah, pries ich; jederzeit pries ich den Herrn der Herrlichkeit, welcher diese großen und prächtigen Zeichen gemacht hatte, damit sie entfalten möchten die Pracht seiner Werke den Engeln und den Seelen der Menschen, und diese verherrlichen möchten alle seine Werke und Taten, sehen möchten die Wirkung seiner Macht, verherrlichen möchten das große Werk seiner Hände, und ihn preisen bis in Ewigkeit.

Sechster Abschnitt

Kapitel 37

1. Das Gesicht, welches er sah, das zweite Gesicht der Weisheit, welches Henoch sah, der Sohn des Jared, des Sohnes Malaleel, des Sohnes Kanan, des Sohnes Enos, des Sohnes Seth, des Sohnes Adam.
2. Dies ist der Anfang des Wortes der Weisheit, welches ich erhielt, zu verkündigen und zu erzählen denjenigen, welche auf Erden wohnen. Hört von dem Anfange an und versteht bis zu dem Ende die heiligen Dinge, welche ich ausspreche in der Gegenwart des Herrn der Geister. Diejenigen, welche zuvor waren, hielten es für gut, zu sprechen,
3. und lasst uns, welche nachkommen, nicht verhindern den Anfang der Weisheit. Bis zu der gegenwärtigen Zeit ist

niemals vor dem Herrn der Geister das gegeben worden, was ich erhalten habe, Weisheit nach der Fähigkeit meiner Einsicht und nach dem Wohlgefallen des Herrn der Geister; das, was mir von ihm gegeben worden ist, ein Teil des ewigen Lebens,
4. war in hundert und drei Parabeln, welche ich den Bewohnern der Welt verkündigte.

Siebter Abschnitt

Kapitel 38

1. Erste Parabel. Wenn die Versammlung der Gerechten wird offenbar werden und Sünder für ihre Verbrechen gerichtet und bestraft werden in dem Angesichte der Welt,
2. wenn Gerechtigkeit wird offenbart werden in der Gegenwart der Gerechten selbst, welche werden auserwählt werden wegen ihrer Werke, gewogen von dem Herrn der Geister, und wenn das Licht der Gerechten und der Auserwählten, welche auf Erden wohnen, wird offenbar werden, wo wird die Wohnung der Sünder sein und wo der Platz des Friedens für diejenigen, welche verworfen haben den Herrn der Geister? Es würde für sie besser gewesen sein, sie wären nie geboren worden.
3. Wenn auch die Geheimnisse der Gerechten werden enthüllt werden, dann werden Sünder gerichtet und gottlose Menschen gequält in der Gegenwart der Gerechten und der Auserwählten.
4. Von dieser Zeit an werden diejenigen, welche die Erde besitzen, nicht mehr mächtig und erhaben sein. Und nicht sollen sie fähig sein, zu schauen das Antlitz der Heiligen; denn das Licht des Antlitzes der Heiligen, der Gerechten und der Auserwählten ist gesehen worden von dem Herrn der Geister.

5. Gleichwohl sollen die mächtigen Könige jener Zeit nicht vernichtet, sondern in die Hände der Gerechten und der Heiligen geliefert werden.
6. Und nicht sollen sie von der Zeit an Erbarmung erhalten von dem Herrn der Geister, dieweil ihr Leben vollendet sein wird.

Kapitel 39

1. In jenen Tagen wird das auserwählte und heilige Geschlecht herabsteigen von den oberen Himmeln, und ihr Same wird dann bei den Söhnen der Menschen sein. Henoch empfing Bücher des Zorns und des Grimms, und Bücher der Verwirrung und Unruhe.
2. Niemals sollen sie Gnade erhalten, sagte der Herr der Geister.
3. Eine Wolke raffte mich dann auf, und der Wind hob mich über die Oberfläche der Erde und setzte mich an das Ende der Himmel.
4. Da sah ich ein anderes Gesicht, die Wohnung und den Ruheplatz der Heiligen. Da sahen meine Augen ihre Wohnung bei den Engeln und ihren Ruheplatz bei den Heiligen. Sie baten, flehten und beteten für die Söhne der Menschen, während Gerechtigkeit vor ihnen floss gleich Wasser, und Gnade gleich Tau über die Erde. Und so ist es mit ihnen von Ewigkeit bis Ewigkeit.
5. Zu jener Zeit sahen meine Augen den Ort der Auserwählten, der Wahrheit, der Treue und der Gerechtigkeit.
6. Unzählbar wird die Anzahl der Heiligen und der Auserwählten sein in seiner Gegenwart von Ewigkeit bis in Ewigkeit.
7. Ihre Wohnung sah ich unter den Flügeln des Herrn der Geister. Alle die Heiligen und Auserwählten sangen vor ihm, welcher der Erscheinung nach einer Flamme von Feuer gleich, ihr Mund war voll von Segnungen und ihre Lippen verherrlichten den Namen des Herrn der Geister, und Gerechtigkeit wohnt unaufhörlich vor ihm.

8. Dort wünschte ich zu bleiben und meine Seele sehnte sich nach dieser Wohnung. Dort war mein Teil zuvor, denn so war es bestimmt worden über mich vor dem Herrn der Geister.
9. Zu dieser Zeit verherrlichte und erhob ich den Namen des Herrn der Geister mit Ruhm und mit Preis; denn er hat es eingerichtet mit Ruhm und mit Preis nach dem Willen des Herrn der Geister.
10. Diesen Platz betrachteten meine Augen lange. Ich pries und sagte: Gepriesen sei Er, gepriesen von dem Anfange bis in Ewigkeit. Im Anfange, ehe die Welt erschaffen war, und ohne Ende ist sein Wissen.
11. Was ist diese Welt! Von jedem vorhandenen Geschlecht sollen dich preisen diejenigen, welche nicht schlafen, sondern stehen vor deiner Herrlichkeit, dich preisen, verherrlichen, erheben und sagen: Der heilige, heilige Herr der Geister erfüllt die ganze Welt der Geister.
12. Da sahen meine Augen alle, welche ohne zu schlafen vor ihm standen, ihn priesen und sagten: Gepriesen seist du und gepriesen sei der Name Gottes von Ewigkeit bis Ewigkeit. Dann verwandelte sich mein Antlitz, bis ich unfähig wurde zu sehen.

Kapitel 40

1. Nach diesem sah ich Tausende von Tausenden und Myriaden von Myriaden und eine unendliche Zahl Volkes vor dem Herrn der Geister stehen.
2. Auch auf den vier Flügeln des Herrn der Geister, auf den vier Seiten, nahm ich andere außer denjenigen wahr, welche vor ihm standen. Auch ihre Namen weiß ich, dieweil der Engel, welcher bei mir ging, sie mir verkündigte und mir jedes Geheimnis entdeckte.
3. Alsdann hörte ich die Stimmen derer auf den vier Seiten den Herrn der Herrlichkeit erheben.
4. Die erste Stimme pries den Herrn der Geister von Ewigkeit zu Ewigkeit.

5. Die zweite Stimme hörte ich preisen den Auserwählten und die Auserwählten, welche gemartert werden um des Herrn der Geister willen.
6. Die dritte Stimme hörte ich bitten und beten für diejenigen, welche auf Erden wohnen und anflehen den Namen des Herrn der Geister.
7. Die vierte Stimme hörte ich austreiben die bösen Engel und sie verhindern zu treten in die Gegenwart des Herrn der Geister, damit sie nicht Klagen erheben gegen die Bewohner der Erde.
8. Nach diesem ersuchte ich den Engel des Friedens, welcher mit mir ging, alles zu erklären, was verborgen war. Ich sagte zu ihm: Wer sind diese, welche ich gesehen habe auf den vier Seiten und deren Worte ich gehört und aufgeschrieben habe? Er versetzte: Der Erste ist der barmherzige, der geduldige, der heilige Michael.
9. Der Zweite ist der, welcher gesetzt über jedes Leiden und jede Wunde der Menschensöhne, der heilige Raphael. Der Dritte, welcher gesetzt über alles, was mächtig ist, ist Gabriel. Und der Vierte, welcher gesetzt über Reue und die Hoffnung derjenigen, welche ewiges Leben erben werden, ist Phanuel. Dieses sind die vier Engel des allerhöchsten Gottes, und ihre vier Stimmen, welche ich zu jener Zeit hörte.

Kapitel 41

1. Nach diesem sah ich die Geheimnisse der Himmel und des Himmelreiches je nach seinen Abteilungen und der Werke der Menschen, wie sie sie dort wägen auf Waagen. Ich sah die Wohnungen der Auserwählten und die Wohnungen der Heiligen. Und dann sahen meine Augen alle die Sünder, welche verleugneten den Herrn der Herrlichkeit, und welche sie austrieben von dort und hinwegschleppten, als sie dort standen, weil Strafe gegen sie von dem Herrn der Geister früher nicht ergangen war.
2. Da sahen meine Augen auch die Geheimnisse des Blitzes und des Donners und die Geheimnisse der Winde, wie sie

verteilt werden, wenn sie über die Erde wehen, die Geheimnisse der Winde, des Taues und der Wolken. Da nahm ich die Stelle wahr, von welcher sie ausströmten und gesättigt wurden mit dem Staube der Erde.

3. Dann sah ich die verschlossenen Behältnisse, von welchen aus die Winde getrennt wurden, das Behältnis des Hagels, das Behältnis des Schnees, das Behältnis der Wolken, und die Wolke selbst, welche beständig über die Erde schwebte vor der Welt.

4. Ich sah auch die Behältnisse des Mondes, woher sie kamen, wohin sie liefen, ihre herrliche Rückkehr, und wie einer glänzender wurde als der andere, ihren prächtigen Lauf, ihren unveränderlichen Lauf, ihren getrennten und unverringerten Lauf, ihre Beobachtung einer gegenseitigen Treue nach einem Eide, bei welchem sie blieben, ihr Fortschreiten vor der Sonne und ihre Anhänglichkeit an ihren Pfad im Gehorsam gegen den Befehl des Herrn der Geister. Mächtig ist sein Name von Ewigkeit zu Ewigkeit.

5. Nach diesem wurde der Pfad des Mondes, der verborgene wie der sichtbare, ebenso wohl als der Fortgang seines Pfades bei Tage und bei Nacht vollendet, während jeder, einer wie der andere, nach dem Herrn der Geister sah, erhebend und lobpreisend ohne Aufhören, sintemal Lobpreisen für sie Ruhe ist; aber in der glänzenden Sonne ist ein häufiges Wandeln zu Segen und zu Fluch.

6. Der Lauf des Mondespfades ist für die Gerechten Licht, aber für die Sünder ist er Finsternis, in dem Namen des Herrn der Geister, welcher schuf eine Trennung zwischen Licht und Finsternis, und trennte die Geister der Menschen, und stärkte die Geister der Gerechten selbst in dem Namen seiner Gerechtigkeit.

7. Und nicht kommt ihnen zuvor der Engel und nicht ist er begabt mit der Macht, ihnen zuvorzukommen; denn der Richter sieht sie alle und richtet sie alle selbst in seiner Gegenwart.

Kapitel 42

1. Die Weisheit fand keinen Platz, wo sie wohnen konnte; ihre Wohnung ist deshalb im Himmel.
2. Die Weisheit trat hervor, um zu wohnen unter den Söhnen der Menschen, doch sie erhielt keine Wohnung. Die Weisheit kehrte zurück an ihren Platz und setzte sich in die Mitte der Engel. Aber die Ungerechtigkeit trat hervor nach ihrer Rückkehr, welche wider Willen eine Wohnung fand, und wohnte unter ihnen, wie Regen in der Wüste und wie Tau in einem durstigen Lande.

Kapitel 43

1. Ich schaute einen anderen Glanz und die Sterne des Himmels. Ich bemerkte, dass er sie alle bei ihren einzelnen Namen rief und dass sie hörten. Ich sah, dass er auf einer gerechten Waage auswog nach ihrem Lichte die Weite ihrer Räume und den Tag ihres Erscheinens und ihres Umlaufs, wie ein Glanz den anderen hervorbringt, und ihren Umlauf nach der Zahl der Engel und der Getreuen.
2. Alsdann fragte ich den Engel, welcher mit mir ging und mir geheime Dinge erklärte, wer die wären. Er antwortete: Ein Gleichnis von diesen hat dir der Herr der Geister gezeigt. Es sind die Personen der Gerechten, welche auf der Erde wohnen und welche glauben an den Namen des Herrn der Geister von Ewigkeit bis zu Ewigkeit.

Kapitel 44

1. Auch ein anderes Ding sah ich in Betreff des Glanzes; dass er ausgeht von den Sternen und Glanz wird, unfähig sie zu verlassen.

Achter Abschnitt

Kapitel 45

1. Zweite Parabel über diejenigen, welche leugnen den Namen der Wohnung der Heiligen und des Herrn der Geister.
2. In den Himmel werden sie nicht hinaufsteigen, auch werden sie nicht auf die Erde kommen. Dies wird der Teil der Sünder sein, welche verleugnen den Namen des Herrn der Geister und welche so aufbewahrt werden für den Tag der Strafe und der Qual.
3. An diesem Tage wird der Auserwählte sitzen auf einem Throne der Herrlichkeit und wird bestimmen ihren Zustand und die unzähligen Wohnungen, während ihre Geister in ihnen gestärkt werden, wenn sie schauen meinen Auserwählten, für diejenigen, welche schutzeshalber geflohen sind zu meinem heiligen und herrlichen Namen.
4. An diesem Tage will ich meinen Auserwählten wohnen lassen in ihrer Mitte, will verändern den Himmel, will segnen ihn und erleuchten ihn für immer.
5. Ich will auch verändern die Erde, will segnen sie, und diejenigen, welche ich auserwählt habe, wohnen lassen auf ihr. Aber diejenigen, welche Sünde begangen haben und Ungerechtigkeit, sollen sie nicht betreten; denn ich habe sie gesehen. Meine Gerechten will ich sättigen mit Frieden und sie vor mich stellen, aber die Verdammung der Sünder soll heranrücken, damit ich sie vernichte von der Oberfläche der Erde.

Kapitel 46

1. Da sah ich das Haupt der Tage, dessen Haupt weiß wie Wolle war, und mit ihm einen anderen, dessen Antlitz dem des Menschen glich. Sein Antlitz war voll Anmut, gleich einem der heiligen Engel. Alsdann fragte ich einen der Engel, welcher mit mir ging und welcher mir jedes Geheimnis

zeigte in Betreff dieses Menschensohnes, wer er sei, woher er sei, und warum er das Haupt der Tage begleite.

2. Er antwortete und sagte zu mir: Dies ist der Menschensohn, dem Gerechtigkeit ist, bei welchem Gerechtigkeit gewohnt hat und welcher offenbaren wird alle Schätze dessen, was verborgen ist; denn der Herr der Geister hat ihn erkoren, und sein Teil hat alles übertroffen vor dem Herrn der Geister in ewiger Rechtschaffenheit.
3. Dieser Menschensohn, welchen du siehst, wird erregen die Könige und die Mächtigen von ihren Lagern und die Gewaltigen von ihren Thronen, wird lösen die Zäume der Mächtigen und in Stücke brechen die Zähne der Sünder.
4. Er wird stoßen die Könige von ihren Thronen und ihren Herrschaften, weil sie ihn nicht erheben und preisen wollen, noch sich beugen vor dem, durch welchen ihre Königreiche ihnen verliehen wurden. Auch das Antlitz der Mächtigen wird er niederschlagen und sie mit Verwirrung erfüllen. Finsternis wird ihre Wohnung sein, und Würmer werden ihr Bett sein, und nicht sollen sie von ihrem Bette wieder aufzustehen hoffen, weil sie nicht erhoben den Namen des Herrn der Geister.
5. Sie werden verachten die Sterne des Himmels, werden erheben ihre Hände gegen den Allerhöchsten, werden betreten und bewohnen die Erde, indem sie zeigen alle ihre Werke der Ungerechtigkeit, ja ihre Werke der Ungerechtigkeit. Ihre Stärke wird sein in ihrem Reichtum und ihr Glaube an die Götter, welche sie gemacht haben mit ihren eigenen Händen. Sie werden leugnen den Namen des Herrn der Geister und werden ihn austreiben aus ihren Tempeln, in welchen sie sich versammeln,
6. und die Getreuen, welche dulden in dem Namen des Herrn der Geister.

Kapitel 47

1. An diesem Tage wird das Gebet der Heiligen und der Gerechten und das Blut der Gerechten hinaufsteigen von der Erde in die Gegenwart des Herrn der Geister.

2. An diesem Tage werden die Heiligen sich versammeln, welche wohnen über den Himmeln, und mit vereinter Stimme bitten, flehen, preisen, loben und rühmen den Namen des Herrn der Geister, wegen des Blutes der Gerechten, welches ist vergossen worden, auf dass das Gebet der Gerechten nicht möge unterbrochen werden vor dem Herrn der Geister, dass er ihretwegen wolle vollziehen Gericht, und dass seine Geduld nicht möge dauern für immer.
3. Zu dieser Zeit sah ich das Haupt der Tage, während es saß auf dem Throne seiner Herrlichkeit; das Buch des Lebens ward geöffnet in seiner Gegenwart, und alle die Mächte, welche über den Himmeln waren, standen um und vor ihm.
4. Alsdann waren die Herzen der Heiligen voll von Freude, weil die Vollendung der Gerechtigkeit gekommen, das Flehen der Heiligen erhört und das Blut der Gerechten gewürdigt war von dem Herrn der Geister.

Kapitel 48

1. An diesem Platze sah ich einen Born der Gerechtigkeit, welcher niemals Mangel hatte, umgeben von vielen Quellen der Weisheit. Aus diesen tranken alle Durstigen und wurden erfüllt mit Weisheit und hatten ihre Wohnung bei den Gerechten, den Auserwählten und den Heiligen.
2. In dieser Stunde wurde dieser Menschensohn angerufen bei dem Herrn der Geister und sein Name in Gegenwart des Hauptes der Tage.
3. Bevor die Sonne und die Zeichen geschaffen waren, bevor die Sterne des Himmels gebildet waren, wurde sein Name angerufen in der Gegenwart des Herrn der Geister. Eine Stütze wird er sein den Gerechten und den Heiligen, auf welche sie sich lehnen ohne zu fallen, und er wird sein das Licht der Völker.
4. Er wird sein die Hoffnung derer, deren Herzen in Unruhe sind. Alle, welche wohnen auf Erden, werden niederfallen und anbeten vor ihm; werden rühmen und verherrlichen

ihn, und Loblieder singen dem Namen des Herrn der Geister.
5. Deshalb war der Auserwählte und der Verborgene in seiner Gegenwart, ehe die Welt geschaffen wurde und immerdar
6. in seiner Gegenwart und hat enthüllt den Heiligen und den Gerechten die Weisheit des Herrn der Geister.
7. Denn in seinem Namen sollen sie bewahrt werden, und sein Wille wird ihr Leben sein. In jenen Tagen sollen die Könige der Erde und die mächtigen Menschen, welche die Welt gewonnen haben durch das Werk ihrer Hände, niedrig werden im Ansehen.
8. Denn an dem Tage ihrer Angst und Unruhe sollen ihre Seelen nicht gerettet werden und in den Händen derer sein, welche ich erwählt habe.
9. Ich will sie wie Heu in das Feuer werfen und wie Blei in das Wasser. So sollen sie brennen in der Gegenwart der Gerechten und sinken in der Gegenwart der Heiligen, und nicht soll ein zehnter Teil von ihnen gefunden werden.
10. Aber an dem Tage ihrer Unruhe wird Ruhe sein auf Erden.
11. In seiner Gegenwart werden sie fallen und sich nicht wieder erheben, und es wird keiner da sein, der sie aus seinen Händen nähme und sie aufhöbe; denn sie haben verleugnet den Herrn der Geister und seinen Messias. Der Name des Herrn der Geister sei gepriesen!

Kapitel 49

1. Weisheit ist ausgegossen gleich Wasser und Herrlichkeit hört nicht auf vor ihm von Ewigkeit zu Ewigkeit; denn mächtig ist er in allen Geheimnissen der Gerechtigkeit.
2. Aber Ungerechtigkeit vergeht wie ein Schatten und hat keinen festen Stand; denn der Auserwählte steht vor dem Herrn der Geister und seine Herrlichkeit ist von Ewigkeit zu Ewigkeit und seine Macht von Geschlecht zu Geschlecht.
3. Bei ihm wohnt der Geist der verständigen Weisheit, der Geist der Erkenntnis und der Macht, und der Geist derer,

welche schlafen in Gerechtigkeit; er wird richten das Verborgene.

4. Und niemand wird imstande sein, ein einziges Wort vor ihm auszusprechen; denn der Auserwählte ist in der Gegenwart des Herrn der Geister nach seinem eigenen Wohlgefallen.

Kapitel 50

1. An jenen Tagen werden die Heiligen und die Auserwählten eine Veränderung erleiden. Das Licht des Tages wird auf ihnen ruhen, und der Glanz und die Herrlichkeit der Heiligen wird verändert werden.
2. An dem Tage der Trübsal werden Übel aufgehäuft werden über die Sünder, aber die Gerechten werden triumphieren in dem Namen des Herrn der Geister.
3. Anderen wird gezeigt werden, dass sie bereuen müssen und verlassen die Werke ihrer Hände, und dass sie nicht Ruhm erwarte in der Gegenwart des Herrn der Geister, dass sie jedoch durch seinen Namen mögen errettet werden. Der Herr der Geister wird Mitleid haben mit ihnen; denn groß ist seine Gnade, und Gerechtigkeit ist in seinem Gericht, und in der Gegenwart seiner Herrlichkeit, und nicht wird stehen in seinem Gericht Ungerechtigkeit. Wer nicht bereut vor ihm, der wird untergehen.
4. Fortan will ich nicht gnädig sein gegen sie, sagte der Herr der Geister.

Kapitel 51

1. In jenen Tagen soll die Erde ausliefern aus ihrem Schoße, und die Unterwelt ausliefern aus dem ihrigen das, was sie erhalten hat, und der Abgrund soll wiedergeben das, was er schuldig ist.
2. Er wird ausscheiden die Gerechten und Heiligen aus ihnen; denn der Tag ihrer Erlösung ist herbeigekommen.
3. Und an jenen Tagen wird der Auserwählte sitzen auf seinem Throne, während jegliches Geheimnis der verständi-

gen Weisheit hervorgehen wird aus seinem Munde; denn der Herr der Geister hat ihn begabt und verherrlicht.
4. An jenen Tagen werden die Berge springen wie Widder und die Hügel hüpfen wie junge Schafe, gesättigt mit Milch, und alle die Gerechten werden zu Engeln im Himmel.
5. Ihr Antlitz wird glänzen vor Freude; denn an jenen Tagen wird der Auserwählte erhoben werden. Die Erde wird sich freuen, die Gerechten werden sie bewohnen und die Auserwählten auf ihr gehen und wandeln.

Kapitel 52

1. Nach dieser Zeit wurde ich an der Stelle, wo ich jedes geheime Gesicht gesehen hatte, in einem Wirbelwinde aufgerafft und gegen Westen fortgeführt.
2. Da sahen meine Augen die Geheimnisse des Himmels, und alles, was auf Erden war, einen Berg von Eisen, einen Berg von Kupfer, einen Berg von Silber, einen Berg von Gold, einen Berg von flüssigem Metall und einen Berg von Blei.
3. Und ich fragte den Engel, welcher mit mir ging, und sagte: Was sind diese Dinge, welche ich im Geheimen sehe?
4. Er sagte: Alle diese Dinge, welche Du siehst, sollen für die Herrschaft des Messias sein, damit er herrsche und mächtig sei auf Erden.
5. Und dieser Engel des Friedens antwortete mir und sagte: Warte nur eine kurze Zeit, und du wirst sehen, und jedes geheime Ding, was der Herr der Geister beschlossen hat, wird dir enthüllt werden. Jene Berge, welche du gesehen hast, den Berg von Eisen, den Berg von Kupfer, den Berg von Silber, den Berg von Gold, den Berg von flüssigem Metall und den Berg von Blei, alle diese werden in der Gegenwart des Auserwählten wie Honigseim vor dem Feuer sein, und gleich Wasser herabfließen oben von diesen Bergen herab, und werden entkräftet werden vor seinen Füßen.

6. An jenen Tagen werden sie nicht errettet werden durch Gold und durch Silber.
7. Und nicht werden sie es in ihrer Gewalt haben, sich zu schützen und zu fliehen.
8. Da wird es weder Eisen geben für Waffen noch einen Panzer für die Brust.
9. Erz wird nutzlos sein, nutzlos auch das, was weder rostet noch sich abzehrt, und Blei wird nicht begehrt werden.
10. Alle diese Dinge werden verworfen werden und untergehen von der Erde, wenn der Auserwählte erscheinen wird in der Gegenwart des Herrn der Geister.

Kapitel 53

1. Da sahen meine Augen ein tiefes Tal, und weit war sein Eingang.
2. Alle, welche auf dem Lande, auf dem Meere und auf Inseln wohnen, werden zu demselben Gaben, Geschenke und Opfer bringen; dennoch wird dieses tiefe Tal nicht voll werden. Doch ihre Hände werden Ungerechtigkeit begehen. Alles, was sie hervorbringen durch Arbeit, werden die Sünder verschlingen mit Verbrechen. Aber sie werden umkommen von dem Angesichte des Herrn der Geister, und von der Oberfläche seiner Erde hinweg. Sie werden aufstehen und nicht fehlen von Ewigkeit bis Ewigkeit.
3. Ich sah die Engel der Strafe, welche dort wohnten und jedes Werkzeug des Satans bereiteten.
4. Alsdann fragte ich den Engel des Friedens, welcher mit mir ging, für wen diese Werkzeuge zubereitet würden.
5. Er sagte: Diese bereiten sie für die Könige und Mächtigen der Erde, damit sie dadurch umkommen,
6. wonach das gerechte und auserwählte Haus seiner Versammlung erscheinen soll, fortan unveränderlich, in dem Namen des Herrn der Geister.
7. Und nicht werden jene Berge sein in seiner Gegenwart wie die Erde und die Hügel, sondern wie die Quellen des Wassers. Und die Gerechten sollen frei werden von der Plage der Sünder.

Kapitel 54

1. Alsdann sah und wendete ich mich zu einem anderen Teile der Erde, wo ich ein tiefes Tal mit Feuer brennen sah.
2. Zu diesem Tale brachten sie Regenten und die Mächtigen.
3. Und da sahen meine Augen die Werkzeuge, welche sie machten, Fesseln von Eisen, welches ohne Schwere war.
4. Alsdann fragte ich den Engel des Friedens, welcher mit mir ging, und sagte: Für wen werden diese Fesseln und Werkzeuge bereitet?
5. Er versetzte: Diese werden bereitet für die Scharen des Azazjel, damit sie überliefert und verurteilt werden mögen zur tiefsten Verdammnis und damit ihre Engel mit scharfen Steinen überwältigt werden mögen, wie der Herr der Geister befohlen hat.
6. Michael und Gabriel, Raphael und Phanuel werden gestärkt werden an diesem Tage und werden sie dann werfen in einen Ofen von loderndem Feuer, damit der Herr der Geister gerächt werde an ihnen für ihre Verbrechen, weil sie Diener des Satans wurden und diejenigen verführten, welche auf Erden wohnen.
7. An jenen Tagen wird Strafe ergehen von dem Herrn der Geister, und die Behältnisse von Wasser, welche über den Himmeln sind, werden sich öffnen, und auch die Quellen, welche unter den Himmeln und unter der Erde sind.
8. Alle Wasser, welche in den Himmeln und über ihnen sind, werden sich miteinander mischen.
9. Das Wasser, welches über dem Himmel ist, wird der Mann sein,
10. und das Wasser, welches unter der Erde ist, wird das Weib sein, und alle werden vernichtet werden, welche auf Erden wohnen und welche unter den Enden des Himmels wohnen.
11. Hierdurch sollen sie einsehen lernen die Ungerechtigkeit, welche sie begangen haben auf Erden, und hierdurch sollen sie umkommen.

Kapitel 55

1. Nachher gereute es das Haupt der Tage und es sprach: Umsonst habe ich alle Bewohner der Erde vernichtet.
2. Und es schwor bei seinem großen Namen: Fortan will ich nicht also handeln gegen alle diejenigen, welche auf Erden wohnen;
3. sondern ich will ein Zeichen in die Himmel stellen, und es soll Treue sein zwischen mir und ihnen immerdar, so lange als die Tage des Himmels und der Erde dauern auf der Erde.
4. Darnach wird gemäß diesem meinem Beschluss, wenn ich mich bestimmt haben werde, sie hinwegzunehmen unversehens, durch die Wirksamkeit der Engel, an dem Tage der Qual und Unruhe, mein Zorn und meine Strafe bleiben auf ihnen, meine Strafe und mein Zorn, sagt Gott, der Herr der Geister.
5. O ihr Könige, o ihr Mächtigen, die ihr bewohnt die Welt, ihr werdet meinen Auserwählten sitzen sehen auf dem Throne meiner Herrlichkeit. Und er wird richten Azazjel, alle seine Genossen und alle seine Scharen, in dem Namen des Herrn der Geister.

Kapitel 56

1. Dort sah ich auch Scharen von Engeln, welche sich bewegten in Strafe, eingeschlossen in ein Netzwerk von Eisen und Erz. Alsdann fragte ich den Engel des Friedens, welcher mit mir wandelte: Zu wem gehen diese in Verhaft?
2. Er sagte: Zu jedem ihrer Erkorenen und ihrer Geliebten, auf dass sie geworfen werden in die Quellen und tiefen Schluchten des Tales.
3. Und dieses Tal wird angefüllt werden mit ihren Erkorenen und Geliebten, für welche die Tage des Lebens vollendet, aber die Tage ihres Fehltritts unzählbar sein werden.
4. Alsdann werden Fürsten sich miteinander verbinden und verschwören. Die Häupter des Morgenlandes unter den Parthern und Medern werden Könige absetzen, in welche

ein Geist der Bestürzung dringen wird. Sie werden sie von ihren Thronen stürzen, und springen wie Löwen aus ihren Dickichten, und wie hungrige Wölfe mitten in die Herde.
5. Sie werden hinaufgehen und treten auf das Land ihrer Auserwählten. Das Land ihrer Auserwählten wird vor ihnen sein. Die Dreschtenne, der Pfad und die Stadt meines Gerechten wird verhindern ihre Rosse. Sie werden aufstehen, einander zu vernichten; ihre rechte Hand wird gestärkt werden, und nicht wird ein Mensch seinen Freund anerkennen oder seinen Bruder,
6. noch der Sohn seinen Vater und seine Mutter, bis die Zahl der toten Körper voll sein wird durch ihren Tod und Strafe. Und dies wird nicht geschehen ohne Ursache.
7. An jenen Tagen wird der Mund der Hölle sich öffnen, in welchen sie werden hinabgestoßen werden; die Hölle wird vernichten und verschlingen die Sünder aus dem Antlitze der Auserwählten.

Kapitel 57

1. Sodann sah ich eine andere Schar von Wagen mit Männern, welche auf ihnen fuhren.
2. Und sie kamen auf dem Winde von Osten, von Westen und von Süden.
3. Der Schall des Geräusches ihrer Wagen wurde gehört.
4. Und als diese Bewegung stattfand, nahmen die Heiligen aus dem Himmel sie wahr; der Pfeiler der Erde wurde erschüttert von seinem Grunde, und der Schall wurde gehört von den Enden der Erde bis zu den Enden des Himmels zur selben Zeit.
5. Alsdann fielen sie alle nieder und beteten an den Herrn der Geister.
6. Dies ist das Ende der zweiten Parabel.

Neunter Abschnitt

Kapitel 58

1. Ich fing nun an auszusprechen die dritte Parabel über die Gerechten und über die Auserwählten.
2. Heil euch, ihr Gerechten und Auserwählten; denn herrlich ist euer Los.
3. Und die Gerechten werden in dem Lichte der Sonne sein, und die Auserwählten in dem Lichte des ewigen Lebens; kein Ende werden die Tage ihres Lebens haben, und den Heiligen werden die Tage nicht gezählt werden, und sie werden Licht suchen und Gerechtigkeit erlangen bei dem Herrn der Geister.
4. Friede sei bei den Gerechten bei dem Herrn der Welt!
5. Und fortan wird man sagen, dass sie im Himmel suchen die Geheimnisse der Gerechtigkeit, den Anteil der Treue; denn sie sind hervorgetreten gleich der Sonne über die Erde, und Finsternis ist verschwunden. Und Licht, welches kein Ende hat, wird sein, und Zählung der Tage werden sie nicht unternehmen; denn zuvor wird vernichtet Finsternis, und Licht wird stark werden vor dem Herrn der Geister. Und das Licht der Rechtschaffenheit wird stark werden immerdar vor dem Herrn der Geister.

Kapitel 59

1. In diesen Tagen sahen meine Augen die Geheimnisse der Blitze und der Strahlen, und ihr Gericht.
2. Sie leuchten zum Segen und zum Fluch, nach dem Willen des Herrn der Geister.
3. Und da sah ich die Geheimnisse der Donner, wenn es schmettert oben im Himmel und ihr Schall gehört wird.
4. Und die Wohnungen der Erde wurden mir gezeigt. Der Schall des Donners ist zum Frieden und zum Segen, aber auch zum Fluch, nach dem Worte des Herrn der Geister.

5. Alsdann wurden alle Geheimnisse der Strahlen und Blitze von mir gesehen. Zum Segen und zur Sättigung leuchten sie.

Zehnter Abschnitt

Kapitel 60

1. In dem fünfhundertsten Jahre, in dem siebten Monate, an dem vierzehnten des Monats des Lebens Henochs. In diesem Gleichnis sah ich, dass der Himmel der Himmel erbebte in gewaltigem Beben und die Mächte des Erhabenen und die Engel, Tausende von Tausenden und Myriaden von Myriaden waren erregt in großer Aufregung. Und sogleich sah ich das Haupt der Tage auf dem Throne seiner Herrlichkeit sitzen und die Engel und die Gerechten rings um dasselbe stehen. Und mich selbst ergriff ein gewaltiges Zittern, und Schrecken erfasste mich. Und meine Lenden beugten sich und erschlafften, und mein Ganzes löste sich und ich fiel auf mein Antlitz. Und es sendete mir den heiligen Michael, einen anderen heiligen Engel, und er richtete mich auf.
2. Und als er mich aufgerichtet hatte, kehrte mein Geist zurück; denn ich vermochte nicht zu ertragen jenes Gesicht der Macht, jene Aufregung selbst und das Erbeben des Himmels.
3. Und es sagte mir der heilige Michael: Warum erschreckt dich ein solches Gesicht?
4. Bis heute war der Tag seiner Barmherzigkeit, und er ist barmherzig und langmütig gewesen gegen die, welche wohnen auf Erden.
5. Aber wenn der Tag kommen wird, und die Macht und die Züchtigung und das Gericht, welche bereitet hat der Herr der Geister für diejenigen, welche sich beugen vor dem

Gericht der Gerechtigkeit, und für diejenigen, welche seinen Namen unnütz führen,

6. so ist jener Tag bereitet den Auserwählten zur Vereinigung und den Sündern zur Prüfung.
7. Und es werden verteilt werden an jenem Tage zwei Ungeheuer: ein weibliches Ungeheuer, dessen Name Leviathan ist, weil es wohnt in der Tiefe des Meeres über den Quellen der Gewässer;
8. und das männliche hat den Namen Behemoth, welches einnimmt mit seiner Brust die unsichtbare Wüste,
9. und ihr Name ist Dendajen, gegen Morgen des Gartens, wo die Auserwählten und die Gerechten weilen werden und wohin aufgenommen wurde mein Großvater, welcher der Siebente war von Adam, dem ersten der Menschen, welchen der Herr der Geister gemacht hatte.
10. Und ich bat jenen anderen Engel, mir zu zeigen die Macht jener Ungeheuer, wie sie getrennt wurden an einem Tage, und gesetzt wurden eins in die Tiefe des Meeres und eins auf die Erde in die Wüste.
11. Und er sagte: Du Menschensohn verlangst hier zu erfahren, was verborgen ist.
12. Und es sprach zu mir ein anderer Engel, welcher mit mir ging,
13. und er zeigte mir die Geheimnisse, die ersten und letzten, im Himmel in der Höhe oben, und auf der Erde in der Tiefe,
14. und an den Enden des Himmels, und in der Grundlage des Himmels, und in dem Behältnis der Winde,
15. und wie geteilt wurden die Geister, und wie man wog, und wie gezählt wurden die Quellen und die Winde nach der Kraft des Geistes,
16. und die Kraft der Lichter des Mondes, und dass es Kraft der Gerechtigkeit ist, und die Abteilungen der Sterne, ihre einzelnen Namen,
17. und jeden Anteil, der zugeteilt ist, und die Donner in ihrem Herabfallen, und jeden Anteil, welcher zugeteilt ist, dass es blitze mit dem Blitze,

18. und dass ihre Heere schnell gehorchen; denn der Donner hat einen Ruhepunkt, mit Beharrlichkeit seines Schalles ist er begabt. Und nicht sind getrennt Donner und Blitz, nicht als eins im Geiste gehen sie beide; doch sind sie auch nicht getrennt.
19. Denn wenn der Blitz blitzt, gibt der Donner seinen Schall, und der Geist ruht seine Zeit, und gleich teilt er zwischen ihnen; denn der Vorrat ihrer Zeiten ist wie Sand, und die Einzelnen von ihnen werden zu seiner Zeit mit einem Zaume zurückgehalten und durch die Kraft des Geistes zurückgewendet; so erfolgt Forttreibung, gemäß der Menge der Länder der Erde.
20. Auch der Geist des Meeres ist mächtig und stark, und gleich wie eine starke Kraft mit einem Zaume es zurückzieht, so wird es auch vorwärtsgetrieben und zerstreut gegen alle Berge der Erde. Der Geist des Reifes ist sein Engel, der Geist des Hagels ist ein guter Engel und der Geist des Schnees wegen seiner Stärke; und ein Geist ist in ihm besonderlich, welcher aufsteigen lässt von ihm wie Rauch, und sein Name ist Kühlung.
21. Und der Geist des Nebels ist nicht vereint mit ihnen in ihren Behältnissen, sondern er hat ein Behältnis besonders; denn sein Wandel ist in Glanz, in Licht und in Finsternis, in Winter und in Sommer, und sein Behältnis ist Licht und sein Engel ist dort.
22. Der Geist des Taues hat sein Zelt an den Enden des Himmels, und verbunden ist es mit den Behältnissen des Regens, und sein Wandel ist in Winter und in Sommer, und seine Wolke und die Wolke des Nebels ist vereinigt und eine gibt der anderen; und wenn der Geist des Regens sich bewegt von seinem Behältnis, so kommen Engel und öffnen sein Behältnis und bringen ihn heraus,
23. und wenn er ausgestreut wird über die ganze Erde, und wenn er sich verbindet zu jeder Zeit mit dem Wasser in der Erde. Denn das Wasser wird dem zuteil, welches in der Erde sich befindet, weil es Nahrung für die Erde von dem Erhabenen, welcher im Himmel ist.

24. Denn deshalb ist ein Maß im Regen und empfangen ihn die Engel.
25. Dieses alles sah ich bis auf den Garten der Gerechten.
26. Und es sprach zu mir der Engel des Friedens, welcher mit mir war: Diese zwei Ungeheuer sind durch die Größe des Allherrschers bereitet, Speise zu geben, damit die Züchtigung des Allherrschers nicht vergeblich sei.
27. Und es werden Kinder erschlagen werden mit Müttern und Söhne mit ihren Vätern.
28. Wenn die Züchtigung des Herrn der Geister ruht auf ihnen, so ruht sie, damit die Züchtigung des Herrn der Geister nicht vergeblich komme über jene. Endlich wird Gericht sein nach seiner Barmherzigkeit und nach seiner Langmut.

Kapitel 61

1. Und ich sah in jenen Tagen, es wurden jenen Engeln lange Schnüre gegeben, und sie erhoben ihre Flügel und gingen nach Mitternacht zu.
2. Und ich fragte den Engel, indem ich sagte: Warum nahmen sie jene langen Schnüre und gingen sie? Und er sagte mir: Sie gingen, um zu messen.
3. Und es sagte mir der Engel, welcher mit mir ging: Dies sind die Maße der Gerechten, und die Seile der Gerechten werden sie bringen, auf dass sie sich stützen auf den Namen des Herrn der Geister von Ewigkeit zu Ewigkeit;
4. und es werden anfangen zu wohnen die Auserwählten bei den Auserwählten.
5. Und diese Maße sind es, welche gegeben werden sollen der Treue und stärken werden das Wort der Gerechtigkeit;
6. und diese Maße werden enthüllen jegliches Geheime in der Tiefe der Erde,
7. und diejenigen, welche umgekommen sind durch die Wüste, und die, welche verschlungen worden sind von den Fischen des Meeres und von Tieren, auf dass sie wiederkehren und sich verlassen auf den Tag des Auserwählten;

denn keiner wird umkommen vor dem Herrn der Geister, und keiner wird umkommen können.

8. Und es erhielten Macht die oben in den Himmeln allzumal, und eine Kraft und ein Glanz wie Feuer wurde ihnen gegeben.
9. Und ihn voraus, mit der Stimme werden sie ihn preisen, und sie werden ihn erheben und ihn rühmen in Weisheit und Weisheit zeigen im Wort und in dem Geiste des Lebens.
10. Und der Herr der Geister setzte auf den Thron seiner Herrlichkeit den Auserwählten,
11. und er wird richten alle Werke der Heiligen oben im Himmel, und mit der Waage wird er wägen ihre Handlungen. Und wenn er erheben wird sein Antlitz, um zu richten ihre geheimen Wege durch das Wort des Namens des Herrn der Geister, und ihren Wandel auf dem Wege des gerechten Gerichtes des Allherrschers, des Erhabenen,
12. so werden sie sprechen allzumal mit einer Stimme, und preisen, und rühmen, und erheben und loben im Namen des Herrn der Geister.
13. Und er wird rufen alle Mächte der Himmel, alle Heiligen oben und die Starken des Allherrschers. Die Cherubs, die Seraphs und die Ophanin, und alle Engel der Macht und alle Engel der Herrschaften, und der Auserwählte und die anderen Mächte, welche auf der Erde über dem Wasser an jenem Tage,
14. werden erheben eine Stimme, und preisen, und rühmen, und loben und erheben mit dem Geiste der Treue, und mit dem Geiste der Weisheit und der Geduld, und mit dem Geiste der Barmherzigkeit, und mit dem Geiste des Gerichts und des Friedens und mit dem Geiste der Güte; und sie werden alle sagen mit einer Stimme: Gepriesen sei er, und gepriesen sei der Name des Herrn der Geister in Ewigkeit und bis zu Ewigkeit. Preisen werden ihn alle die, welche nicht schlafen, oben im Himmel.
15. Preisen werden ihn alle seine Heiligen, welche im Himmel, und alle Auserwählten, welche wohnen in dem Garten des Lebens, und alle Geister des Lichtes, welche fähig sind zu

preisen, und zu rühmen, und zu erheben und zu loben deinen heiligen Namen; und alles, was Fleisch, was übertrifft die Macht, wird rühmen und preisen deinen Namen in Ewigkeit.

16. Denn groß ist die Gnade des Herrn der Geister, und langmütig ist er; und alle seine Werke, und alle seine Macht nach der Größe seines Wirkens hat er offenbart den Gerechten und den Auserwählten, in dem Namen des Herrn der Geister.

Kapitel 62

1. Und also gebot der Herr den Königen, und den Mächtigen, und den Hohen und denjenigen, welche die Erde bewohnen, und sprach: Öffnet eure Augen und erhebt eure Hörner, wenn ihr fähig seid zu erkennen den Auserwählten!
2. Und es saß der Herr der Geister auf dem Throne seiner Herrlichkeit,
3. und der Geist der Gerechtigkeit war ausgegossen über ihm.
4. Das Wort seines Mundes wird töten alle Sünder und alle Ungerechten, und aus seinem Angesicht werden sie vertilgt werden.
5. Und es werden aufstehen an jenem Tage alle Könige, Mächtigen und Hohen, und diejenigen, welche die Erde besitzen, und werden ihn sehen und erkennen, dass er sitzt auf dem Throne seiner Herrlichkeit, und die Gerechten in Gerechtigkeit vor ihm gerichtet werden.
6. Und eitles Wort ist es nicht, was gesprochen wird vor ihm.
7. Und es wird über sie kommen Schmerz, gleich dem Weibe, das in Wehen, und dem es schwer macht die Geburt, und wenn sein Kind zu dem Munde der Mutter kommt, und es ihm schwer macht im Gebären.
8. Und es wird ansehen ein Teil von ihnen den anderen. Und sie werden bestürzt sein und ihr Antlitz niederschlagen.

9. Und es wird sie ergreifen Schmerz, wenn sie sehen werden jenen Sohn des Weibes sitzen auf dem Throne seiner Herrlichkeit.
10. Und ihn werden rühmen und ihn preisen und ihn erheben die Könige, die Mächtigen und alle die, welche die Erde besitzen, ihn, welcher alles beherrscht, welcher verborgen war, denn zuvor war verborgen der Menschensohn, und bewahrte der Erhabene vor seiner Macht, und offenbarte ihn den Auserwählten.
11. Und er wird säen die Gemeine der Heiligen und der Auserwählten, und vor ihm werden stehen alle Auserwählten an jenem Tage.
12. Und niederfallen werden alle Könige, Mächtigen und Hohen, und diejenigen, welche die Erde beherrschen, vor ihm auf ihr Antlitz und anbeten.
13. Und sie werden ihre Hoffnung setzen auf jenen Menschensohn, zu ihm flehen und Gnade erbitten von ihm.
14. Und gelangen lassen wird sie bis zu ihm der Herr der Geister, auf dass sie eilen und hinweggehen aus seinem Angesicht. Und ihr Antlitz wird erfüllt sein mit Schande, und Finsternis wird er reichen ihrem Antlitz. Und ergreifen werden sie die Engel der Strafe, auf dass sie Vergeltung nehmen an denjenigen, welche bedrücken seine Kinder und seine Auserwählten. Und sie werden ein Beispiel sein den Gerechten und seinen Auserwählten. Über sie werden diese sich freuen; denn der Zorn des Herrn der Geister wird auf ihnen ruhen.
15. Und das Schwert des Herrn der Geister wird trunken sein von ihnen. Aber die Gerechten und Auserwählten werden unversehrt sein an jenem Tage, und das Antlitz der Sünder und der Ungerechten werden sie nicht schauen von dieser Zeit.
16. Und der Herr der Geister wird über ihnen weilen.
17. Und mit jenem Menschensohn werden sie wohnen, und essen, und sich niederlegen und aufstehen in Ewigkeit zu Ewigkeit.
18. Und aufgestanden sind die Gerechten und Auserwählten von der Erde, und haben aufgehört, ihre Antlitze niederzu-

schlagen, und haben sich bekleidet mit dem Kleide des Lebens. Und dieses wird sein ein Kleid des Lebens bei dem Herrn der Geister, und eure Kleider werden nicht altern, und eure Herrlichkeit wird nicht abnehmen vor dem Herrn der Geister.

Kapitel 63

1. In jenen Tagen werden bitten die Könige, die Mächtigen und die, welche die Erde besitzen, von seinen Engeln der Strafe, wohin sie überliefert worden sind, dass er ihnen gebe ein wenig Ruhe, damit sie niederfallen und beten vor dem Herrn der Geister und ihre Sünden vor ihm bekennen.
2. Und sie werden preisen und rühmen ihn, den Herrn der Geister, und sagen: Gepriesen sei der Herr der Geister, und der Herr der Könige, und der Herr der Mächtigen, und der Herr der Herren, und der Herr der Herrlichkeit und der Herr der Weisheit.
3. Er wird ans Licht bringen jedes Geheimnis.
4. Und deine Macht ist von Geschlecht zu Geschlecht, und deine Herrlichkeit in Ewigkeit zu Ewigkeit.
5. Tief sind alle deine Geheimnisse und ohne Zahl, und deine Gerechtigkeit hat kein Maß jetzt.
6. Wir haben erkannt, dass wir rühmen und preisen sollen den Herrn der Könige, und ihn, welcher König ist über alle Könige.
7. Und sie werden sagen: Wer hat uns Ruhe gegeben, ihn zu rühmen, und ihn zu verherrlichen, und ihn zu preisen und zu bekennen vor seiner Herrlichkeit?
8. Und nun ist kurz die Ruhe, welche wir wünschen, aber wir werden sie nicht finden; wir möchten sie erjagen, aber werden sie nicht erfassen. Und Licht ist für immer vor uns verschwunden, und Finsternis sind unsere Throne in Ewigkeit zu Ewigkeit.
9. Denn vor ihm haben wir nicht bekannt, und wir haben nicht gerühmt im Namen des Herrn der Könige, und wir haben nicht gerühmt den Herrn in allen seinen Werken,

sondern wir haben vertraut auf das Königtum und unsere Herrlichkeit.
10. Und an dem Tage unserer Trübsal und unserer Not wird er uns nicht erlösen, noch werden wir Ruhe erlangen. Wir werden bekennen; weil treu ist unser Herr in allen seinen Werken, in allen seinen Gerichten und in seiner Gerechtigkeit.
11. Und auf die Person werden seine Gerichte nicht Rücksicht nehmen, und wir werden gehen aus seinem Angesicht wegen unserer Taten.
12. Und alle unsere Sünden sind nach Gerechtigkeit gezählt worden.
13. Alsdann werden sie sagen zu sich selbst: Gesättigt ist unsere Seele mit dem Reichtum des Unrechts;
14. aber das wendet nicht ab unser Hinabsteigen in die beschwerliche Hitze der Hölle.
15. Und hierauf wird sich erfüllen ihr Antlitz mit Finsternis und Scham vor jenem Menschensohn, und aus seinem Angesicht wird man sie vertreiben, und das Schwert wird bleiben vor seinem Angesicht in ihrer Mitte.
16. Und so sprach der Herr der Geister: Dies ist der Beschluss gegen sie und das Gericht der Mächtigen, und der Könige, und der Hohen und derjenigen, welche die Erde besitzen, vor dem Herrn der Geister.

Kapitel 64

1. Und andere Gesichte sah ich. An jenem geheimen Orte hörte ich die Stimme eines Engels, welcher sagte: Dies sind diejenigen Engel, welche herabstiegen vom Himmel auf die Erde, welche Verborgenes enthüllten den Menschenkindern und verführten die Menschenkinder, dass sie Sünde taten.

Elfter Abschnitt

Kapitel 65

1. Und in jenen Tagen sah Noah, dass die Erde sich niederbog und dass nahe war ihr Untergang.
2. Und er erhob seine Füße von dort und ging bis zu den Enden der Erde und zu der Wohnung seines Großvaters Henoch.
3. Und es sprach Noah mit einer traurigen Stimme dreimal: Höre mich! Höre mich! Höre mich! Und er sprach zu ihm: Sage mir, was ist es, das geschieht auf Erden; denn so ermattet ist die Erde und erschüttert. Gewiss werde ich untergehen mit ihr.
4. Und nach dieser Zeit war eine große Bewegung auf Erden, und gehört wurde eine Stimme vom Himmel. Und ich fiel nieder auf mein Angesicht, und es kam Henoch, mein Großvater, und trat zu mir.
5. Und er sagte mir: Warum schriest du zu mir mit traurigem Geschrei und Weinen?
6. Und ein Befehl ist ausgegangen von dem Herrn über die, welche wohnen auf der Erde, dass es ihr Ende sei; denn sie kennen jedes Geheimnis der Engel, und jede Bedrückung der Teufel, und alle ihre geheimen Kräfte, und alle Kräfte derjenigen, welche Zauberei treiben, und die Kräfte der Bindungen, und die Kräfte derjenigen, welche gießen das Gegossene der ganzen Erde,
7. und wie erzeugt wird das Silber aus dem Staube der Erde, und wie der Tropfen wird unter der Erde. Denn Blei und Zinn werden nicht erzeugt von der Erde, sodass sie die erste Quelle wäre, welche sie erzeugte.
8. Und ein Engel, welcher versteht, ist darin, und voran kommt dieser Engel.
9. Und hierauf ergriff mich mein Großvater Henoch mit seiner Hand und sagte mir: Gehe; denn ich habe gefragt den Herrn der Geister über diese Bewegung auf der Erde. Und er sprach zu mir: Wegen ihres Unrechts sind vollbracht ihre Gerichte, und zwar ohne Zahl, vor mir, wegen

der Monde, welche sie untersuchten; und sie erkannten, dass die Erde untergehen werde, und diejenigen, welche auf ihr wohnen. Und für sie wird keine Zuflucht sein in Ewigkeit;

10. denn sie haben ihnen gezeigt das Geheime. Und diejenigen, welche gerichtet worden sind, nicht aber für dich, mein Sohn, meint der Herr der Geister; denn du bist rein und gut, dann tadelst du das Geheime.
11. Und er hat bestätigt deinen Namen in der Mitte der Heiligen und wird dich bewachen von denen, welche wohnen auf der Erde. Und er bestätigt deinen Samen in Gerechtigkeit zu Königen und großer Herrlichkeit, und aus deinem Samen wird hervorgehen ein Quell der Gerechten und Heiligen, und zwar ohne Zahl für immer.

Kapitel 66

1. Und hierauf zeigte er mir die Engel der Strafe, welche bereit waren, zu kommen und zu öffnen jegliche Macht des Wassers, das unter der Erde,
2. damit es sei zum Gericht und zum Untergange für alle diejenigen, welche hausen und wohnen auf der Erde.
3. Und es befahl der Herr der Geister den Engeln, denen, welche ausgehen werden, nicht aufzunehmen die Männer und zu erhalten;
4. denn jene Engel waren über jeglicher Macht der Wasser. Und ich ging hinweg von dem Angesichte Henochs.

Kapitel 67

1. Und in jenen Tagen war die Stimme des Allherrschers bei mir, und er sagte zu mir: Noah, siehe, dein Teil ist heraufgestiegen zu mir, ein Teil, woran kein Tadel ist, ein Teil der Liebe und der Billigkeit;
2. und nun werden bereiten die Engel Verschlosse, und wenn sie ausgegangen sind zu diesem Geschäft, werde ich meine Hand darauf legen und ihn erhalten.

3. Und es wird sein hierauf ein Same des Lebens, und eine Umwandlung wird kommen, damit nicht leer bleibt die Erde. Und ich will bestätigen deinen Samen vor mir in Ewigkeit zu Ewigkeit. Und der Same derjenigen, welche mit dir wohnen werden auf der Oberfläche der Erde, wird nichts unternehmen auf der Oberfläche der Erde, und er wird gesegnet sein und zahlreich werden vor der Erde, in dem Namen des Herrn.
4. Und sie werden einschließen jene Engel, welche das Unrecht offenbarten, in jenes brennende Tal, welches mir zuerst zeigte mein Großvater Henoch, im Westen, wo Berge waren von Gold und Silber, und Eisen, und flüssigem Metall und Zinn.
5. Und ich sah jenes Tal, in welchem große Bewegung war und sich bewegten die Wasser.
6. Und als dies alles geschehen war, da erzeugten sich aus jenem Flüssigen des Feuers und ihrer Bewegung, welche sie bewegte an jenem Orte, ein Geruch des Schwefels, und er verband sich mit jenen Wassern. Und jenes Tal der Engel, welche verführten, brannte unter jener Erde.
7. Und zu jenem Tale derselben werden Flüsse von Feuer ausgehen, wohin diejenigen Engel verurteilt werden sollen, welche verführten die Bewohner der Erde.
8. Und es werden diese Wasser an jenen Tagen sein den Königen, und den Mächtigen, und den Hohen und denen, welche bewohnen die Erde, zu Heilung der Seele und des Leibes, und zum Gericht des Geistes.
9. Und mit Lust wird erfüllt sein ihr Geist, damit sie gerichtet werden in ihrem Leibe; denn sie verleugneten den Herrn der Geister. Und sie werden ihr Gericht sehen an jeglichem Tage, aber nicht bekennen seinen Namen.
10. Und so wie groß sein wird die Hitze ihres Leibes, ebenso wird in ihnen Verwandlung dem Geiste in Ewigkeit zu Ewigkeit.
11. Denn nicht wird vor dem Herrn der Geister das, was ausgesprochen wird, zum eitlen Worte.

12. Denn kommen wird das Gericht über sie, weil sie vertrauen werden der Lust ihres Leibes, aber den Geist des Herrn verleugnen.
13. Und jene Wasser, in jenen Tagen erleiden sie Veränderung. Denn wenn gerichtet werden jene Engel in jenen Tagen, wird sich ändern die Hitze jener Quellen der Wasser.
14. Und wenn heraufsteigen werden die Engel, wird sich ändern jenes Wasser der Quellen und erkalten. Und ich hörte den heiligen Michael antworten und sagen: Dieses Gericht, wodurch gerichtet werden sollen die Engel, ist ein Zeuge gegen die Könige, die Mächtigen und diejenigen, welche die Erde besitzen;
15. denn diese Wasser des Gerichts werden sein zur Heilung der Engel und zur Tötung ihrer Leiber. Aber sie werden nicht sehen und nicht glauben, dass verändert werden jene Wasser und Feuer sein wird, welches brennt in Ewigkeit.

Kapitel 68

1. Und hierauf gab mir mein Großvater Henoch Nachweisung von allem Geheimen in einem Buche, und die Parabeln, welche ihm gegeben worden waren, und er brachte sie für mich zu den Worten des Buchs der Parabeln.
2. Und an jenen Tagen antwortete ihm der heilige Michael, indem er sprach zu Raphael: Die Macht des Geistes ergreift mich und regt mich auf, und zwar wegen der Strenge des geheimen Gerichts, des Gerichts der Engel; wer ist, der vermöchte zu ertragen das strenge Gericht, welches geschah und besteht? Und sie werden zergehen vor demselben. Und es antwortete abermals und sprach der heilige Michael zum heiligen Raphael: Wer ist, der nicht erweichen ließe sein Herz darüber, und dessen Nieren nicht bewegt würden von dieser Stimme?
3. Gericht ist ergangen über sie von denjenigen, welche sie herausführten auf solche Weise. Und es geschah, als er stand vor dem Herrn der Geister,
4. da sprach also der heilige Michael zu Raphael: Und ich werde nicht für sie sein bei dem Auge des Herrn; denn der

Herr der Geister ist erzürnt gegen sie, weil sie gleich dem Herrn handeln. Darum wird kommen über sie ein geheimes Gericht in Ewigkeit zu Ewigkeit.

Kapitel 69

1. Und hierauf wird das Gericht sie in Bestürzung setzen und aufregen; denn dieses zeigten sie denen, welche wohnen auf der Erde.
2. Und siehe die Namen jener Engel! Und dies sind ihre Namen. Der erste derselben ist Semjâzâ, und der andere Arstikif, und der dritte Armên, und der vierte Kakabâêl, und der fünfte Turêl, und der sechste Rumjâl, und der siebente Dânêl, und der achte Nukâêl, und der neunte Berâkêl, und der zehnte Azâzêl, der elfte Armers, der zwölfte Batarjâl, der dreizehnte Basasâêl, der vierzehnte Anânêl, der fünfzehnte Turêl, der sechzehnte Simâtisiêl, der siebzehnte Jetarêl, der achtzehnte Tumâêl, der neunzehnte Tarêl, der zwanzigste Rumâêl, der einundzwanzigste Izêzêêl.
3. Und dies sind die Häupter ihrer Engel, und die Namen der Anführer ihrer Hunderte, und der Anführer ihrer Fünfzige, und der Anführer ihrer Zehner.
4. Der Name des ersten ist Jekun. Und dieser war es, welcher verführte alle Söhne der heiligen Engel und sie herabsteigen hieß auf die Erde und sie verführte zur Erzeugung von Menschen.
5. Und des zweiten Name ist Asbêl; dieser gab üblen Rat den Söhnen der heiligen Engel und verführte sie, zu verderben ihren Leib durch Erzeugung von Menschen.
6. Und des dritten Name ist Gâderêl; das ist derjenige, welcher zeigte alle Schläge des Todes den Menschenkindern.
7. Er verführte Eva, und zeigte die Werkzeuge des Todes den Menschenkindern, und den Schild, und den Panzer, und das Schwert zum Morden und alle Werkzeuge des Todes den Menschenkindern.
8. Und aus seiner Hand gingen sie aus über die, welche wohnen auf Erden, von jener Zeit und in Ewigkeit.

9. Und des vierten Name ist Tênêmue. Dieser zeigte den Menschenkindern Bitteres und Süßes,
10. und zeigte ihnen alle Geheimnisse ihrer Weisheit.
11. Und er lehrte die Menschen das Schreiben und zwar mit Tinte und Papier.
12. Und deshalb sind zahlreich diejenigen, welche irregehen, von Ewigkeit in Ewigkeit und bis auf diesen Tag.
13. Denn nicht geboren wurden die Menschen dazu, so mit Feder und mit Tinte zu bekräftigen ihre Treue.
14. Denn sie wurden nur geschaffen, gleich Engeln gerecht und rein zu bleiben.
15. Und der Tod, welcher alles zerstört, würde nicht getroffen haben diejenigen,
16. welche durch diese ihre Kenntnis untergehen; und deshalb verzehrt mich die Macht.
17. Und des fünften Name ist Kasedjâe. Dieser zeigte den Menschenkindern alle bösen Schläge der Geister und der Dämonen,
18. und die Schläge des Embryo im Mutterschoß, um zu zermalmen, und die Schläge des Geistes, die Bisse der Schlange, und den Schlag, welcher ist am Mittage, die Brut der Schlange, deren Name ist Tabâet.
19. Und dies ist die Zahl des Kesbeêl, die Summe des Schwurs, welche er zeigte den Heiligen, als er wohnte oben in Herrlichkeit,
20. und sein Name ist Bekâ. Und dieser sprach zum heiligen Michael, ihnen zu zeigen den geheimen Namen, damit sie sähen jenen geheimen Namen und damit sie sich erinnerten des Schwurs, damit erzittern möchten vor diesem Namen und Schwur diejenigen, welche anzeigten den Menschenkindern jegliches Geheimnis.
21. Und dies ist die Kraft jenes Schwures, denn mächtig ist er und stark.
22. Und er legte diesen Schwur Akâe in die Hand des heiligen Michael.
23. Und dies sind die Geheimnisse dieses Schwurs, und sie wurden bekräftigt durch seinen Schwur.

24. Und der Himmel wurde aufgehängt, bevor die Welt geschaffen wurde, und bis in Ewigkeit.
25. Und durch ihn schwebt die Erde über dem Wasser, und aus dem Verborgenen der Berge kommen den Lebenden die schönen Wasser, von der Schöpfung der Welt und bis in Ewigkeit.
26. Und durch diesen Schwur wurde geschaffen das Meer und sein Grund.
27. Zur Zeit der Wut legte es jenen Sand, und nicht änderte es sich von der Schöpfung der Welt und bis in Ewigkeit, und durch diesen Schwur sind die Abgründe befestigt und stehen, und nicht bewegen sie sich von ihrer Stelle in Ewigkeit und bis in Ewigkeit.
28. Und durch diesen Schwur vollbringen Sonne und Mond ihren Lauf und weichen nicht von ihrem Befehl, von Ewigkeit und bis in Ewigkeit.
29. Und durch diesen Schwur vollbringen die Sterne ihren Lauf.
30. Und ihre Namen ruft er und sie antworten ihm von Ewigkeit und bis in Ewigkeit.
31. Und so sind den Wassern ihre Winde, und den Winden und zwar ihnen allen Geister, und ihre Wege wegen jeder Vereinigung der Geister.
32. Und dort werden erhalten die Behältnisse der Stimme des Donners und der Glanz des Blitzes.
33. Und dort werden erhalten die Behältnisse des Hagels und des Reifes, die Behältnisse des Schnees, und die Behältnisse des Regens und des Taues.
34. Und alle diese werden bekennen und loben vor dem Herrn der Geister.
35. Und sie werden rühmen mit aller ihrer Kraft des Dankes, und er nährte sie in allem diesem Danke, und sie werden loben und rühmen und erheben im Namen des Herrn der Geister in Ewigkeit zu Ewigkeit.
36. Und über sie bestätigt er diesen Schwur, und sie werden erhalten durch ihn und ihre Wege werden erhalten, und ihr Lauf lässt nicht nach.
37. Und ihnen wurde große Freude.

38. Und sie priesen und rühmten und erhoben, weil ihnen offenbart wurde der Name jenes Menschensohnes.
39. Und er saß auf dem Throne seiner Herrlichkeit, und der Hauptteil des Gerichts wurde gegeben ihm, dem Menschensohn. Und er lässt verschwinden und untergehen die Sünder von der Oberfläche der Erde, und diejenigen, welche sie verführten, werden in Ewigkeit mit Ketten gebunden werden.
40. Und nach ihrer Stufe der Verdorbenheit werden sie eingekerkert werden, und alle ihre Werke sollen verschwinden von der Oberfläche der Erde, und fortan wird nicht da sein ein Verführer; denn jener Mannessohn wurde gesehen und saß auf dem Thron seiner Herrlichkeit.
41. Und alles Böse wird aus seinem Antlitz verschwinden und weichen, und das Wort dieses Mannessohnes wird bestätigt werden vor dem Herrn der Geister.
42. Dies ist die dritte Parabel Henochs.

Zwölfter Abschnitt

Kapitel 70

1. Und es geschah hierauf, dass erhoben wurde der lebendige Name bei diesem Menschensohn, bei dem Herrn der Geister, von denen, welche auf der Erde wohnen.
2. Und er wurde erhoben in die Wagen des Geistes, und es ging aus sein Name in ihrer Mitte.
3. Und von diesem Tage an wurde ich nicht gezogen in ihre Mitte, sondern er setzte mich zwischen zwei Geister, zwischen Mitternacht und Abend, wo die Engel nahmen die Schnüre, um mir zu messen einen Ort für die Auserwählten und für die Gerechten.
4. Da sah ich die ersten Väter und die Gerechten, welche von Ewigkeit her an jenem Orte wohnen.

Kapitel 71

1. Und es geschah hierauf, dass verborgen wurde mein Geist und aufstieg in die Himmel. Ich sah die Söhne der Engel treten auf Feuerflammen, ihre Kleider und ihr Gewand waren weiß, und glänzend ihr Antlitz wie Kristall.
2. Und ich sah zwei Ströme von Feuer, und der Glanz dieses Feuers glänzte wie der Hyazinth.
3. Und ich fiel auf mein Antlitz vor dem Herrn der Geister.
4. Und der Engel Michael, einer von den Häuptern der Engel, nahm mich bei meiner rechten Hand, hob mich auf und führte mich hin zu allen Geheimnissen der Gnade und den Geheimnissen der Gerechtigkeit.
5. Und er zeigte mir alle Geheimnisse der Enden des Himmels und alle Behältnisse der Sterne und aller Strahlen, von wo sie ausgehen zu dem Antlitz der Heiligen.
6. Und er verbarg den Geist Henochs in dem Himmel der Himmel.
7. Und ich sah dort in der Mitte jenes Glanzes, dass darin etwas, was erbaut war aus Steinen von Glas,
8. inmitten dieser Steine Zungen von lebendigem Feuer. Und es sah mein Geist eine Umschließung, welche umschloss dieses Haus des Feuers von seinen vier Enden, darin Ströme angefüllt mit lebendigem Feuer, und sie umschlossen dieses Haus.
9. Und es umgaben die Seraphs, die Cherubs und die Ophanin; dies sind diejenigen, welche nicht schlafen, und bewahren den Thron seiner Herrlichkeit.
10. Und ich sah unzählige Engel, Tausende, Tausende von Tausenden, und Myriaden von Myriaden, und sie umgaben jenes Haus.
11. Michael und Raphael und Gabriel und Phanuel und die heiligen Engel, welche in den Himmeln oben, gingen ein und aus in dieses Haus. Und es gingen heraus aus diesem seinem Hause Michael und Gabriel, Raphael und Phanuel, und viele heilige Engel, welche ohne Zahl,

12. und mit ihnen das Haupt der Tage, und sein Haupt war wie Wolle weiß und rein, und sein Kleid, dass es nicht zu beschreiben ist.
13. Und ich fiel auf mein Antlitz, und all mein Fleisch löste sich und mein Geist wurde verwandelt.
14. Und ich rief aus mit der Stimme, mit dem Geiste der Kraft, und ich pries, rühmte und erhob.
15. Und diese Lobpreisungen, welche gingen aus meinem Munde, waren wohlgefällig vor jenem Haupte der Tage.
16. Und es kam jenes Haupt der Tage mit Michael und Gabriel, Raphael und Phanuel, und den Tausenden von Tausenden, den Myriaden von Myriaden Engeln, welche ohne Zahl.
17. Und es kam zu mir jener Engel, und mit seiner Stimme begrüßte er mich und sagte zu mir: Du bist der Mannessohn, der du geboren bist zur Gerechtigkeit, und Gerechtigkeit ist über dir geblieben.
18. Und die Gerechtigkeit des Hauptes der Tage wird dich nicht verlassen.
19. Und er sagte zu mir: Er wird dir zurufen Frieden durch seinen Namen für die Welt, die ist; denn von dort ist ausgegangen Friede seit der Schöpfung der Welt.
20. Und so wird er sein dir in Ewigkeit zu Ewigkeit.
21. Und alle, welche sein werden und wandeln werden auf deinem Wege der Gerechtigkeit, werden dich nicht verlassen in Ewigkeit.
22. Und bei dir wird sein ihre Wohnung, und bei dir ihr Teil, und von dir werden sie nicht getrennt werden in Ewigkeit zu Ewigkeit.
23. Und so wird langes Leben mit jenem Menschensohn sein.
24. Und Friede wird sein den Gerechten und gerader Weg wird sein den Rechtschaffenen in dem Namen des Herrn der Geister in Ewigkeit zu Ewigkeit.

Dreizehnter Abschnitt

Kapitel 72

1. Das Buch des Umlaufs der Lichter des Himmels, eines nach dem andern, wie sie sind, je nach ihren besonderen Abteilungen, einzeln je nach ihrer besonderen Macht, je nach ihrer besonderen Zeit, einzeln nach ihrem besonderen Namen, und nach den Orten ihres Aufgangs, und je nach ihren besonderen Monaten, welche mir zeigte Uriel, der heilige Engel, welcher bei mir war und ihr Führer ist. Und ihr ganzes Verzeichnis, wie es ist, zeigte er mir, und wie jedes Jahr der Welt und bis in Ewigkeit, bis wird gemacht werden ein neues Werk, welches bleiben wird bis in Ewigkeit.
2. Und dies ist das erste Gesetz der Lichter. Die Sonne, das Licht kommen durch die Tore des Himmels, welche gegen Morgen, und ihr Untergang ist in der Toren des Himmels, welche gegen Abend.
3. Ich sah sechs Tore, aus welchen hervorgeht die Sonne, und sechs Tore, wo untergeht die Sonne,
4. und der Mond geht in diesen Toren auch auf und unter, und die Führer der Sterne mit denjenigen, welche sie führen, sechs im Morgen und sechs in dem Untergange der Sonne.
5. Und sie alle, eines hinter dem anderen, sind gerade, und viele Fenster zur Rechten und zur Linken dieser Tore.
6. Und zuerst geht hervor das große Licht, dessen Name Sonne ist, und seine Kugel ist wie die Kugel des Himmels, und ganz ist es angefüllt mit Feuer, welches glänzt und brennt.
7. Den Wagen, worin es aufsteigt, weht der Wind fort.
8. Und untergeht die Sonne vom Himmel und wendet sich gegen Mitternacht, um nach Morgen zu gehen, und sie wird so geführt, dass sie kommt zu jenem Tore und leuchtet an der Oberfläche des Himmels.
9. So geht sie hervor in dem ersten Monate in dem großen Tore.

10. Und sie geht hervor durch dieses vierte jener sechs Tore, welche gegen Aufgang der Sonne sind.
11. Und in diesem vierten Tore, aus welchem hervorgeht die Sonne in dem ersten Monate, in ihm sind zwölf offene Fenster, aus welchen hervorgeht eine Flamme, wenn sie geöffnet werden zu ihrer Zeit.
12. Wenn die Sonne aufgeht, so geht sie aus dem Himmel hervor durch dieses vierte Tor dreißig Tage, und durch das vierte Tor, welches gegen Abend des Himmels, geht sie gerade herab.
13. Und in jenen Tagen verlängert sich der Tag von dem Tage an, und verkürzt sich die Nacht von der Nacht an dreißig Morgen lang. Und an jenem Tage ist länger der Tag um zwei als die Nacht.
14. Und es ist der Tag genau zehn Teile und es ist die Nacht acht Teile.
15. Und es geht hervor die Sonne aus diesem vierten Tore und geht unter im vierten, und wendet sich zu dem fünften Tore, welches in Morgen, während dreißig Morgen, und sie geht hervor aus ihm und geht unter in dem fünften Tore.
16. Alsdann wird länger der Tag um einen zweiten Teil, und es wird der Tag elf Teile; und es wird kürzer die Nacht und wird sieben Teile.
17. Und die Sonne wendet sich nach Morgen und kommt zum sechsten Tore, und sie geht auf und geht unter in dem sechsten Tore einunddreißig Morgen, wegen ihres Zeichens.
18. Und an jenem Tage wird länger der Tag als die Nacht; und es wird der Tag das Doppelte der Nacht, und es wird der Tag zwölf Teile.
19. Und es wird kürzer die Nacht und wird sechs Teile. Und es erhebt sich die Sonne, damit kürzer werde der Tag und sich verlängere die Nacht.
20. Und es wendet sich die Sonne nach Morgen und sie kommt zum sechsten Tore, und hervor geht die Sonne daraus und geht unter dreißig Morgen.

21. Und wenn vollendet sind dreißig Morgen, wird verringert der Tag um einen Teil, und es wird der Tag elf Teile und die Nacht sieben Teile.
22. Und es geht hervor die Sonne von Abend aus jenem sechsten Tore und geht nach Morgen, und geht auf in dem fünften Tore dreißig Morgen, und geht unter wiederum in dem fünften Tore, welches in Abend.
23. An diesem Tage wird verringert der Tag um zwei Teile, und es wird der Tag zehn Teile und die Nacht acht Teile.
24. Und es geht hervor die Sonne aus jenem fünften Tore, und geht unter in dem fünften Tore, welches in Abend, und geht auf in dem vierten Tore wegen ihres Zeichens einunddreißig Morgen lang, und geht unter in Abend.
25. An diesem Tage ist gleich geworden der Tag mit der Nacht, und sie ist gleich, und es wird die Nacht neun Teile und der Tag neun Teile.
26. Und es geht die Sonne hervor aus diesem Tore, und geht unter in Abend, und wendet sich zum Morgen, und geht hervor durch das dritte Tor dreißig Morgen, und geht unter in Abend in dem dritten Tore.
27. Und an diesem Tage wird länger die Nacht von dem Tage an während dreißig Morgen, und kürzer wird der Tag von dem Tage an während dreißig Tagen, und es wird die Nacht genau zehn Teile und der Tag acht Teile.
28. Und es geht die Sonne hervor aus jenem dritten Tore, und geht unter in dem dritten Tore in Abend, und wendet sich gegen Aufgang, und es geht hervor die Sonne durch das zweite Tor des Aufgangs dreißig Morgen.
29. Und so geht sie unter in dem zweiten Tore im Abend des Himmels.
30. Und an jenem Tage wird die Nacht elf Teile und der Tag sieben Teile.
31. Und es geht hervor die Sonne an jenem Tage aus dem zweiten Tore, und geht unter in Abend in dem zweiten Tore, und wendet sich gegen Aufgang in das erste Tor einunddreißig Morgen,
32. und geht unter in Abend in dem ersten Tore.

33. Und an jenem Tage verlängert sich die Nacht und wird das Doppelte des Tages.
34. Und es wird die Nacht genau zwölf Teile und der Tag sechs Teile.
35. Und es erreicht die Sonne ihre Höhen, und ein zweites Mal macht sie ihren Umlauf über diese ihre Höhen.
36. Und sie kommt in jenes Tor dreißig Morgen, und in Abend ihm gegenüber geht sie unter.
37. Und an jenem Tage wird kürzer die Nacht von ihrer Länge um einen Teil, und sie wird elf Teile,
38. und der Tag sieben Teile.
39. Und es wendet sich die Sonne und kommt zu dem zweiten Tore, welches in Aufgang.
40. Und sie wendet sich über diese ihre Höhen dreißig Morgen, geht auf und geht unter.
41. Und an diesem Tage wird kürzer die Nacht von ihrer Länge, und es wird die Nacht zehn Teile und der Tag acht Teile. Und an diesem Tage geht hervor die Sonne aus jenem zweiten Tore, und geht unter in Abend; und sie wendet sich gegen Aufgang, und geht auf in dem dritten Tore einunddreißig Morgen, und geht unter in dem Abend des Himmels.
42. Und an diesem Tage wird verringert die Nacht, und sie wird neun Teile und der Tag wird neun Teile. Und gleich wird die Nacht mit dem Tage. Und es wird das Jahr genau dreihundertvierundsechzig Tage.
43. Und die Länge des Tages und der Nacht, und die Kürze des Tages und der Nacht werden durch diesen Lauf der Sonne verschieden.
44. Wegen dieses ihres Laufes wird verlängert der Tag von dem Tage an, und die Nacht von der Nacht an genähert.
45. Und dies ist das Gesetz und der Lauf der Sonne und ihre Wende. Wenn sie sich wendet, so wendet sie sich dahin, wo sechzig, und geht hervor. Dies ist das große Licht, welches in Ewigkeit, welches man nennt Sonne in Ewigkeit zu Ewigkeit.

46. Und dies ist das, was hervorgeht, ein großes Licht, welches man nennt nach seiner Erscheinung, wie befohlen hat der Herr.
47. Und so geht sie aus und ein, und wird nicht verringert, und ruht nicht, sondern läuft Tag und Nacht in ihrem Wagen, und ihr Licht erleuchtet sieben Teile von dem Monde, und die Größen beider sind ein Paar.

Vierzehnter Abschnitt

Kapitel 73

1. Und nach diesem Gesetz sah ich ein anderes Gesetz eines kleinen Lichtes, dessen Name Mond ist, und seine Kugel wie die Kugel des Himmels.
2. Und seinen Wagen, worin es aufsteigt, weht der Wind fort, und nach Maß wird ihm gegeben Licht.
3. Und in jedem Monate wird sein Aufgang und sein Untergang verändert, und seine Tage sind wie die Tage der Sonne. Und wenn gleich geworden ist sein Licht, so ist sein Licht sieben Teile von dem Licht der Sonne.
4. Und so geht es auf, und sein Anfang ist gegen Morgen, es geht hervor dreißig Morgen.
5. Und an jenem Tage wird es gesehen, und es wird für euch der Anfang des Mondes dreißig Morgen mit der Sonne in dem Tore, aus welchem hervorgeht die Sonne.
6. Und seine entfernte Hälfte ist sieben Teile und einer; und seine ganze Kugel ist leer, dass darin kein Licht – außer seinem siebten Teile – von den vierzehn Teilen seines Lichtes. Und an einem Tage empfängt er einen siebten Teil; und die Hälfte seines Lichtes wird sein Licht; in den sieben und den sieben Teilen ist einer; seine Hälfte geht unter mit der Sonne.
7. Und wenn aufgeht die Sonne, so ist in jedem der einzelnen sieben Teile vollständig seine ganze Finsternis, und in je-

dem der einzelnen sieben Teile ist vollständig sein ganzes Licht, im Aufgange und im Untergange, aufgeht der Mond mit ihr, und nimmt an die Hälfte eines Teiles des Lichtes.
8. Und in jener Nacht, in dem Anfange seines Morgens, vor dem Tage des Mondes, geht der Mond unter mit der Sonne.
9. Und er ist dunkel in jener Nacht in den sieben und den sieben Teilen und eines halben, und er geht auf an jenem Tage genau einen siebten Teil, und geht hervor und weicht ab von dem Aufgange der Sonne.
10. Und er macht leuchtend in seinen übrigen Tagen die sieben und die sieben Teile.

Kapitel 74

1. Und einen anderen Lauf und Gesetz sah ich für ihn, welches in jenem Gesetze machte der Lauf der Monate. Und alles zeigte mir Uriel, der heilige Engel, welcher ist der Führer von ihnen allen.
2. Und ihren Stand schrieb ich auf, so wie er ihn mir zeigte.
3. Und ich schrieb auf ihre Monate, so wie sie sind, und das Aussehen ihres Lichtes, bis erfüllt sind fünfzehn Tage.
4. In einem jeden der einzelnen sieben Teile macht er voll sein ganzes Licht im Aufgange, und in jedem der einzelnen sieben Teile macht er voll seine ganze Finsternis im Untergange.
5. Und in bestimmten Monaten geht sein Lauf einzeln, und in zwei geht der Mond unter mit der Sonne in den zwei Toren, welche in der Mitte sind, in dem dritten und in dem vierten Tore. Er geht hervor sieben Tage und macht seinen Kreislauf,
6. und er wendet sich wiederum zu dem Tore, woraus hervorgeht die Sonne, und in diesem macht er voll sein ganzes Licht. Und er weicht ab von der Sonne und kommt acht Tage in das sechste Tor, aus welchem hervorgeht die Sonne.

7. Und wenn hervorgeht die Sonne aus dem vierten Tore, geht er hervor sieben Tage, bis sie hervorgeht aus dem fünften.
8. Und wiederum wendet er sich sieben Tage zu dem vierten Tore, und er macht voll sein ganzes Licht, und er weicht ab, und kommt durch das erste Tor acht Tage.
9. Und wiederum wendet er sich sieben Tage zu dem vierten Tore, aus welchem hervorgeht die Sonne.
10. So sah ich ihren Stand, so wie nach der Ordnung ihrer Monate aufgeht und untergeht die Sonne.
11. Und zu diesen Tagen werden hinzugefügt in fünf Jahren dreißig Tage und kommen der Sonne zu. Und alle die Tage, welche einem Jahre von diesen fünf Jahren zukommen, betragen dreihundertvierundsechzig Tage, und es kommen ihr von den Sternen sechs Tage zu von den fünf Jahren, je sechs, es kommen ihnen zu dreißig Tage,
12. und geringer als die Sonne und die Sterne ist der Mond um dreißig Tage.
13. Und der Mond lässt kommen die Jahre genau, sie alle, dass ihr Stand in Ewigkeit weder voreile noch verziehe um einen Tag, sondern wechseln lasse das Jahr richtig, genau in je dreihundertvierundsechzig Tagen. Drei Jahre haben tausendzweiundneunzig Tage, und fünf Jahre tausendachthundertzwanzig Tage, wie acht Jahre zweitausendneunhundertzwölf Tage sind.
14. Dem Monde allein kommen zu an Tagen für drei Jahre tausendzweiundsechzig Tage, und in fünf Jahren ist er geringer um fünfzig Tage, denn an seinem Ausgange werden unter tausend hinzugefügt zweiundsechzig Tage, und es sind für fünf Jahre tausendsiebenhundertsiebzig Tage, wie dem Monde für acht Jahre an Tagen zweitausendachthundertzweiunddreißig Tage.
15. Denn es sind geringer für acht Jahre seine Tage um achtzig, und alle Tage, welche er geringer ist von acht Jahren, sind achtzig Tage.
16. Und es erfüllt sich das Jahr richtig, je nach ihrem Stande und dem Stande der Sonne, welche aufgehen aus den

Toren, welche aus ihnen aufgeht und untergeht dreißig Tage.

Kapitel 75

1. Und Führer der Häupter der Tausende sind diejenigen, welche über der ganzen Schöpfung und über allen Sternen, und mit den Vieren sind, welche hinzugefügt werden, und welche nicht getrennt werden von ihrer Stelle, nach der ganzen Berechnung des Jahres.
2. Und diese bedürfen der vier Tage, welche nicht berechnet sind in der Berechnung des Jahres.
3. Und ihretwegen, über sie, irren die Menschen sehr; denn diese Lichter bedürfen in Wahrheit eine Stelle des Weltlaufes, eine in dem ersten Tore, und eine in dem dritten Tore, und eine in dem vierten, und eine in dem sechsten Tore.
4. Und es wird vollendet die Genauigkeit des Weltlaufes bei jeder dreihundertvierundsechzigsten Stelle des Weltlaufes. Denn die Zeichen
5. und die Zeiten,
6. und die Jahre,
7. und die Tage zeigte mir Uriel, der Engel, welchen setzte der Herr der Herrlichkeit, der in Ewigkeit ist, über alle Lichter des Himmels
8. am Himmel und in der Welt, dass sie regierten an der Oberfläche des Himmels, und erschienen über der Erde, und würden
9. zu Führern des Tages und der Nacht: die Sonne, und den Mond, und die Sterne, und alle Diener des Himmels, welche ihren Umlauf machen mit allen Wagen des Himmels.
10. So zeigte zwölf offene Tore Uriel mir für das Umkreisen der Wagen der Sonne am Himmel, aus welchen hervorgehen die Füße der Sonne.
11. Und von ihnen geht aus Wärme auf die Erde, wenn sie geöffnet werden in den Zeiten, welche ihnen bestimmt sind, und für die Winde, und für den Geist des Taues, wenn geöffnet werden in den Zeiten die Öffnungen an den Himmeln über den Enden.

12. Zwölf Tore sah ich am Himmel an den Enden der Erde, aus welchen hervorgehen Sonne, und Mond, und Sterne, und alle Werke des Himmels vom Aufgange und vom Untergange.
13. Und viele Fenster sind geöffnet auf ihrer rechten und auf ihrer linken Seite.
14. Und eines der Fenster macht zu seiner Zeit heiß die Hitze, wie jene Tore, aus welchen hervorgehen die Sterne nach ihrem Gesetze, und in welchen sie untergehen nach ihrer Zahl.
15. Und ich sah die Wagen am Himmel laufen in die Welt oberhalb und unterhalb jener Tore, in welchen sich wenden die Sterne, welche nicht untergehen. Und einer ist größer als sie alle, und dieser geht um die ganze Welt.

Fünfzehnter Abschnitt

Kapitel 76

1. Und an den Enden der Erde sah ich zwölf Tore geöffnet für alle Winde, aus welchen hervorgehen die Winde und wehen über die Erde.
2. Drei von ihnen sind geöffnet im Antlitz des Himmels, und drei im Untergang, und drei zur Rechten des Himmels, und drei zur Linken. Und die drei ersten sind diejenigen, welche gegen Morgen, und drei gegen Mitternacht, und drei, hinter denen zur Linken, gegen Mittag, und drei gegen Abend.
3. Durch vier von ihnen gehen hervor Winde des Segens und des Heils. Und aus den acht übrigen gehen hervor Winde der Züchtigung; wenn sie gesendet werden, verderben sie die ganze Erde und das Wasser, welches auf derselben, und alle, welche wohnen auf ihr, und alles, was im Wasser ist und auf der Erde.

4. Und es geht hervor der erste Wind aus jenem der Tore, dessen Name morgendliches ist, durch das erste Tor gegen Morgen, welches sich gegen Mittag neigt. Es gehen hervor aus ihm Vernichtung, Dürre und Hitze und Verderben.
5. Und durch das zweite Tor, das mittlere, geht hervor Klarheit; und es gehen hervor aus ihm Regen, und Fruchtbarkeit, und Heil, und Tau. Und durch das dritte Tor, welches gegen Mitternacht, geht hervor Kälte und Dürre.
6. Und nach diesen die Winde in der Richtung des Mittags gehen hervor durch drei erste Tore; durch das erste Tor von denselben, welches sich neigt gegen Aufgang, geht hervor Wind der Hitze.
7. Und durch das Tor, bei welchem die Mitte, aus ihm geht hervor angenehmer Geruch, und Tau, und Regen, und Heil, und Leben.
8. Und durch das dritte Tor, welches gegen Untergang, von ihm geht hervor Tau, und Regen, und Heuschrecken, und Vernichtung.
9. Und nach diesen die Winde, welche gegen Mitternacht, aus drei Toren. Das siebte Tor, welches nach dem zu, welches sich gegen Mittag neigt; aus diesem geht hervor Tau und Regen, Heuschrecken und Vernichtung. Und aus dem mittleren, geraden Tore, aus ihm geht hervor Regen, und Tau, und Leben, und Heil. Und durch das dritte Tor, welches gegen Untergang, welches sich neigt gegen Mitternacht, und aus ihm gehen hervor Nebel, und Reif, und Schnee, und Regen, und Tau, und Heuschrecken.
10. Und nach diesen viertens die Winde, welche gegen Abend. Durch das erste Tor, welches sich neigt gegen Mitternacht, und von ihm geht hervor Tau, und Regen, und Reif, und Kälte, und Schnee, und Kühlung; und aus dem mittleren Tore geht hervor Tau und Regen, Heil und Segen.
11. Und durch das letzte Tor, welches gegen Mittag, aus ihm geht hervor Dürre, Vernichtung, Glut und Verderben.
12. Und zu Ende sind die zwölf Tore, welche den vier Toren des Himmels.
13. Und alle ihre Gesetze, alle ihre Züchtigung und ihr Heil habe ich dir gezeigt, mein Sohn Methusalem!

Kapitel 77

1. Sie nennen ihn den ersten Wind, den morgendlichen, weil er der erste ist.
2. Und sie nennen den zweiten den Süd, weil der Erhabene dort herabsteigt, und vorzüglich dort herabsteigt der Gepriesene in Ewigkeit.
3. Und der Wind, welcher von Abend, sein Name ist Mangel, weil dort sich verringern alle Lichter des Himmels und herabsteigen.
4. Und der vierte Wind, dessen Name Nord ist, ist in drei Teile geteilt; einer von ihnen ist für die Wohnung des Menschen; und der andere für die Meere des Wassers, und in den Tälern, und im Walde, und in den Flüssen, und im Dunkel und im Schnee; und der dritte Teil im Garten der Gerechtigkeit.
5. Sieben hohe Berge sah ich, welche höher als alle Berge, die auf der Erde; und von ihnen geht hervor Reif, und es gehen dahin und vergehen Tage und Zeiten und Jahre.
6. Sieben Flüsse auf Erden sah ich, größer als alle Flüsse; einer von ihnen kommt von Abend, in das große Meer ergießt sich sein Wasser.
7. Und andere zwei kommen von Mitternacht zu dem Meere, und es ergießt sich ihr Wasser in das erythräische Meer in Aufgang. Und die, welche übrig bleiben, vier, gehen hervor durch die Höhle von Mitternacht zu ihrem Meere, dem erythräischen Meere, und zwei ergießen sich in das große Meer, und sie sagen, dort ist Wüste.
8. Sieben große Inseln sah ich in dem Meere und auf der Erde; zwei auf der Erde und fünf in dem großen Meere.

Kapitel 78

1. Die Namen der Sonne sind so: einer Orjârês und ihr zweiter Tomâssa.
2. Und der Mond hat vier Namen; sein erster Name ist Aenjâ, und der zweite Eblâ; der dritte Benâsê, und der vierte Erâe.

3. Dies sind die zwei großen Lichter, deren Kugeln wie die Kugel des Himmels, und die Größen von ihnen sind beide gleich.
4. In der Kugel der Sonne sind sieben Teile des Lichtes, welches gegeben wird in sie von dem Monde. Und nach Maß dringt es ein, bis ausgegangen ist ein siebter Teil der Sonne. Und sie gehen unter und kommen in die Tore des Abends, und gehen herum durch Mitternacht und durch die Tore des Aufganges gehen sie hervor über die Oberfläche des Himmels.
5. Und wenn sich erhebt der Mond, so erscheint er am Himmel, und die Hälfte eines siebten Teils des Lichtes ist in ihm.
6. Und in vierzehn wird voll sein ganzes Licht.
7. Und drei Fünftel des Lichts dringen ein in ihn, bis in fünfzehn voll ist sein Licht nach dem Zeichen des Jahres, und er wird drei Fünftel.
8. Und es wird der Mond durch die Hälfte eines siebten Teiles.
9. Und bei seinem Abnehmen an dem ersten Tage verringert sich um den vierzehnten Teil sein Licht, und an dem zweiten verringert es sich um den dreizehnten Teil, und an dem dritten verringert es sich um den zwölften Teil, und an dem vierten verringert es sich um den elften Teil, und an dem fünften verringert es sich um den zehnten Teil, und an dem sechsten verringert es sich um den neunten Teil, und an dem siebten verringert es sich um den achten Teil, und an dem achten verringert es sich um den siebten Teil, und an dem neunten verringert es sich um den sechsten Teil, und an dem zehnten verringert es sich um den fünften Teil, und an dem elften verringert es sich um den vierten Teil, und an dem zwölften verringert es sich um den dritten Teil, und an dem dreizehnten Tage verringert es sich um den zweiten Teil, und an dem vierzehnten verringert es sich um die Hälfte eines siebten Teiles, und sein ganzes Licht an dem fünfzehnten Tage ist zu Ende, was übrig war von allem.

10. Und in bestimmten Monaten werden neunundzwanzig Tage dem Monde.
11. Und in ihm ist eine Zeit, wo achtundzwanzig.
12. Und eine andere Anordnung zeigte mir Uriel, wenn Licht gebracht wird in den Mond, und woher es gebracht wird aus der Sonne.
13. Die ganze Zeit, welche der Mond fortschreitet in seinem Lichte, tritt er vor die Sonne, bis in vierzehn Tagen voll wird sein Licht am Himmel.
14. Und wenn zu Ende ist alles, so hört auf sein Licht am Himmel, und der erste Tag wird Neumond genannt; denn an diesem Tage wird gebracht über ihn Licht.
15. Und er wird voll genau an dem Tage, wo herabsteigt die Sonne in den Abend, und von Aufgang her er aufsteigt in der Nacht,
16. und es leuchtet der Mond in der ganzen Nacht, bis die Sonne aufgeht vor ihm, und es wird gesehen der Mond vor der Sonne.
17. Und wo kommt Licht zu dem Monde, von da verringert es sich wiederum, bis verschwunden ist sein ganzes Licht und vergehen die Tage des Mondes,
18. und es bleibt seine Kugel leer, ohne Licht.
19. Und drei Monate macht er zu dreißig Tagen in seiner Zeit, und drei Monate macht er, jeden einzelnen zu neunundzwanzig Tagen, in welchen er macht seine Verringerung, in seiner ersten Zeit und in dem ersten Tore, in hundertsiebenundsiebzig Tagen.
20. Und zu der Zeit seines Ausganges erscheint er drei Monate je in dreißig Tagen, und drei Monate erscheint er je in neunundzwanzig Tagen.
21. In der Nacht erscheint er je in zwanzig, wie ein Mann, und am Tage wie Himmel; denn etwas anderes ist nicht in ihm außer sein Licht.

Kapitel 79

1. Und nun, mein Sohn Methusalem, habe ich dir gezeigt alles, und vollendet ist die ganze Ordnung der Sterne des Himmels.
2. Und er zeigte mir alle ihre Ordnungen, welche an allen Tagen und in jeder Zeit, welche unter jeder Macht, und in jedem Jahre, und zwar in seinem Ausgange und in seinem Gesetz, in jedem Monate und in allen Wochen, und die Verringerung des Mondes, welche bewirkt wird im sechsten Tore – denn in diesem sechsten Tore geht zu Ende sein Licht,
3. und von ihm ist der Anfang des Mondes – und seine Verringerung, welche bewirkt wird im ersten Tore in seiner Zeit, bis zu Ende sind hundertsiebenundsiebzig Tage, nach der Ordnung von Wochen fünfundzwanzig, und zwei Tage,
4. und welcher geringer ist als die Sonne, nach der Ordnung der Sterne, genau um fünf Tage in einer Zeit,
5. und wenn zu Ende ist jene Stelle, welche du siehst. So ist das Bild und die Gestalt von jedem Lichte, welches mir zeigte Uriel, der große Engel, welcher ihr Führer ist.

Kapitel 80

1. Und in jenen Tagen antwortete mir Uriel und sagte zu mir: Siehe ich habe dir gezeigt alles, o Henoch!
2. Und alles offenbarte ich dir. Du siehst jene Sonne und jenen Mond und diejenigen, welche führen die Sterne des Himmels, und alle die, welche verursachen ihre Wirkung und ihre Zeiten und ihren Ausgang.
3. Und in den Tagen der Sünder werden die Winter verkürzt werden,
4. und ihr Same wird nicht sein lässig in ihrer Erde und auf ihren Triften, und jedes Werk, was auf der Erde, wird umgekehrt und nicht gesehen werden zu seiner Zeit, und der Regen wird zurückgehalten werden und der Himmel stillstehen.

5. Und in jenen Zeiten wird die Frucht der Erde lässig sein und nicht sprossen in ihrer Zeit, und die Frucht des Baumes wird zurückgehalten werden in ihrer Zeit.
6. Und der Mond wird verändern seine Ordnung und nicht gesehen werden zu seiner Zeit. Und in jenen Tagen wird gesehen werden der Himmel, und Unfruchtbarkeit wird stattfinden in den Grenzen der großen Wagen in Abend, und er wird leuchten mehr als die Ordnung des Lichtes, und es werden irren viele Häupter der Sterne der Macht, und diese werden umkehren ihre Wege und Werke.
7. Und es werden nicht erscheinen zu ihrer Zeit diejenigen, welche ihnen befehlen, und alle Ordnungen der Sterne werden verschlossen werden über den Sündern.
8. Und die Gedanken derjenigen, welche wohnen auf Erden, werden irren über sie, und sie werden abgewendet werden von allen ihren Wegen,
9. und sie werden irren und sie halten für Götter, und es wird groß werden über ihnen das Elend.
10. Und Strafe wird kommen über sie, auf dass er sie vernichte, sie alle.

Kapitel 81

1. Und er sagte zu mir: O Henoch, betrachte das Buch, welches herabtröpfelte der Himmel, und lies das, was geschrieben ist darin, und vernimm jedes Einzelne.
2. Und ich betrachtete alles in dem Getröpfel des Himmels, und las alles, was geschrieben war, und vernahm alles, und las das Buch, und alles was geschrieben war darin, und alle Werke des Menschenkinder
3. und aller Kinder des Fleisches, welche auf der Erde, bis zur Wiedergeburt der Welt.
4. Hierauf sogleich pries ich den Herrn, den König der Herrlichkeit, wie er gemacht hat das ganze Werk der Welt.
5. Und ich rühmte den Herrn wegen seiner Geduld und seines Segens über die Kinder der Welt.
6. Und zu der Zeit sprach ich: Gesegnet ist der Mann, welcher stirbt gerecht und gut, und über welchen ein Ver-

zeichnis von Unrecht gar nicht geschrieben, und an welchem nicht gefunden worden ist Verbrechen!
7. Und jene drei Heiligen brachten mich nahe und setzten mich auf die Erde vor die Tür meines Hauses.
8. Und sie sagten zu mir: Zeige alles dem Methusalem, deinem Sohn, und zeige alles deinen Kindern, dass nicht gerechtfertigt werden wird alles, was Fleisch ist, vor dem Herrn; denn er ist ihr Schöpfer.
9. Ein Jahr werden wir dich lassen bei deinen Kindern, bis du wieder kräftig bist, auf dass du belehrst deine Kinder, und schreibst für sie, und verkündigst allen deinen Kindern. Und in dem anderen Jahre werden sie dich nehmen aus ihrer Mitte, und dein Herz wird sich stärken. Denn die Guten werden den Guten bekannt machen die Gerechtigkeit, der Gerechte wird mit dem Gerechten sich freuen, und sie werden bekennen untereinander, und der Sünder wird mit dem Sünder sterben,
10. und der Verkehrte wird mit dem Verkehrten ersäuft werden.
11. Und diejenigen, welche gerecht handeln, werden sterben wegen der Werke der Menschen, und werden versammelt werden wegen der Werke der Gottlosen.
12. Und in jenen Tagen hörten sie auf, sich zu unterreden mit mir,
13. und ich kam zu meinen Nebenmenschen, indem ich pries den Herrn der Welten.

Kapitel 82

1. Und nun, mein Sohn Methusalem, alles dieses sage ich dir und schreibe ich für dich, und alles offenbare ich dir, und ich gab dir die Bücher von allem diesem.
2. Bewahre, mein Sohn Methusalem, die Bücher von der Hand deines Vaters, und dass du sie gebest den Geschlechtern der Welt.
3. Weisheit habe ich gegeben dir und deinen Kindern, und denen, welche dir sein werden als Kinder, damit sei ihren Kindern, und auf Geschlecht zu Geschlecht bis in Ewig-

keit, diese Weisheit über ihre Gedanken. Und nicht schlafen werden diejenigen, welche sie verstehen, und hören mit ihrem Ohr, damit sie lernen diese Weisheit und würdig werden der Speisen, welche gut denen, die sie essen.
4. Gesegnet sind alle Gerechten, gesegnet alle, welche wandeln auf dem Wege der Gerechtigkeit, und an welchen nicht ist Sünde gleich den Sündern, bei der Zählung aller ihre Tage!
5. Anlangend das Gehen der Sonne am Himmel: Durch die Pforten geht sie ein und aus dreißig Tage, mit den Häuptern von Tausend jener Ordnungen der Sterne, mit den vier, welche hinzugefügt werden, und trennen die vier Teile des Jahres, welche sie führen, und mit ihnen kommen vier Tage.
6. Ihretwegen irren die Menschen sehr und berechnen sie nicht in der Rechnung jedes Weltlaufes; denn sie irren sehr über sie, und nicht zeigen sie die Menschen genau an. Denn sie sind in der Rechnung des Weltlaufes, und wahrlich diese sind eingefügt für immer, einer in dem ersten Tore, und einer in dem dritten, und einer in dem vierten, und einer in dem sechsten.
7. Und es wird vollendet das Jahr in dreihundertvierundsechzig Tagen.
8. Und wahrlich richtig ist die Stelle und genau die Berechnung dessen, was eingefügt ist. Denn die Lichter, die Monate, die bestimmten Zeiten, die Jahre und die Tage zeigte mir und hauchte über mich Uriel, welchen befehligte für mich der Herr aller Schöpfung der Welt nach der Macht des Himmels und der Herrschaft in ihm über Tag und über Nacht, zu zeigen das Licht über den Menschen, die Sonne, den Mond und die Sterne und alle Mächte des Himmels, welche sich umdrehen mit ihren Kugeln.
9. Und dies sind die Ordnungen der Sterne, welche untergehen in ihren Orten, und in ihren Zeiten, und in ihren bestimmten Tagen, und in ihren Monaten;
10. und dies sind die Namen derjenigen, welche sie führen, derjenigen, welche wachen und kommen in ihren Zeiten, und in ihren Ordnungen, und in ihren Perioden, und in ih-

ren Monaten, und in ihren Herrschaften, und in ihren Orten:

11. Vier Führer derselben kommen zuerst, welche trennen die vier Teile des Jahres, und nach ihnen zwölf Führer derjenigen Ordnungen, welche teilen die Monate und das Jahr in dreihundertvierundsechzig, mit den Häuptern von Tausend, welche scheiden die Tage, auch die vier, welche hinzugefügt werden unter sie, deren Führer trennen die vier Abteilungen der Jahre.
12. Und diese Häupter von Tausend sind in der Mitte der Führer und der Führenden, hinzugefügt wird einer nach der Stelle, und ihre Führer trennen. Und dies sind die Namen der Führer, welche trennen die vier Abteilungen des Jahres, welche verordnet sind: Melkeêl, Helemmêlêk,
13. Mêlêjal und Nârêl;
14. und die Namen derjenigen, welche sie führen: Adnârêl, Ijasusâêl und Ijelumiêl.
15. Dies sind die drei, welche folgen nach den Führern der Ordnungen, und einer folgt nach den drei Führern der Ordnungen, welche folgen nach jenen Führern der Stellen, welche trennen die vier Teile des Jahres.
16. In dem ersten des Jahres geht zuerst auf und regiert Melkjâl, welcher auch genannt wird Tamaâ und Sonne (Zahaj),
17. und alle Tage, welche in seiner Macht, welche er regiert, sind einundneunzig Tage.
18. Und dieses sind die Zeichen der Tage, welche gesehen werden auf Erden in den Tagen seiner Macht: Schweiß und Hitze und Sorge. Und alle Bäume bringen Frucht, das Laub geht hervor an jedem Baume, und der Honig des Weizens, und die Blume der Rose und alle Blumen blühen auf dem Felde, und die Bäume des Winters werden trocken.
19. Und diese sind die Namen der Führer, welche unter ihnen: Berkêl, Zelbsâêl, und ein anderes hinzugefügtes Haupt von Tausend, dessen Name Hêlojâsêf. Und zu Ende sind die Tage der Macht jenes anderen Führers, welcher nach

ihnen, Helemmêlêk, welchem sie zurufen seinen Namen: glänzende Sonne (Zahaj),
20. und alle Tage seines Lichtes sind einundneunzig Tage.
21. Und dies sind die Zeichen der Tage, welche auf der Erde: Hitze und Dürre, und die Bäume bringen hervor ihre Frucht, erhitzt und gekocht, und geben ihre Frucht, dass sie trockne.
22. Und die Herden sind folgsam und empfangen. Und sie sammeln alle Früchte der Erde, und alles, was ist auf den Äckern, und die Kelter des Weins wird gekeltert. Und dies ist in den Tagen seiner Macht.
23. Und dies sind ihre Namen und ihre Ordnungen und ihre Führer, welche unter denen, welche Häupter sind von Tausend: Gêdâêl und Kêêl und Hêêl.
24. Und der Name dessen, welcher hinzugefügt ist zu ihnen, des Führers von Tausend, ist Asphêl.
25. Und zu Ende sind die Tage seiner Macht.

Sechzehnter Abschnitt

Kapitel 83

1. Und nun habe ich dir gezeigt, mein Sohn Methusalem, alle Gesichte, welche ich sah vor dir. Ich will erzählen. Zwei Gesichte sah ich, ehe ich nahm ein Weib, und das eine von ihnen ist nicht gleich dem anderen,
2. das erste, als ich lernte Schrift, und das andere, ehe ich nahm deine Mutter. Ich sah mächtige Gesichte,
3. und ihretwegen flehte ich zu dem Herrn.
4. Ich ruhte in dem Hause meines Großvaters Malâleêl; ich sah in einem Gesicht, der Himmel wurde gereinigt und hinweggenommen.
5. Und ich fiel auf die Erde; und als ich fiel auf die Erde, sah ich die Erde, dass sie verschlungen wurde in einen großen Abgrund, und Berge hingen über Bergen,

6. und Hügel sanken auf Hügel, und hohe Bäume wurden abgehauen von ihren Stämmen, und wurden hinabgeworfen, und sanken in den Abgrund.
7. Und deshalb fiel nieder das Wort in meinem Munde, und ich erhob ein Geschrei und sprach: Vernichtet ist die Erde! Und Malâleêl, mein Großvater, richtete mich auf, als ich ihm zugerufen hatte, und sprach zu mir: Warum schreist du so, mein Sohn? Und warum wehklagst du so?
8. Und ich erzählte ihm das ganze Gesicht, welches ich gesehen hatte, und er sagte zu mir: Schweres sahst du, mein Sohn!
9. Und mächtig ist das Gesicht deines Traumes von allen geheimen Sünden der Erde; und hinabgestürzt wird sie in die Abgründe und geht unter im großen Untergange.
10. Und nun, mein Sohn, erhebe dich und flehe zu dem Herrn der Herrlichkeit – denn du bist treu –, dass übrig bleibe ein Rest auf Erden, und dass er nicht verderbe die ganze Erde. Mein Sohn, vom Himmel geschieht alles dieses auf Erden, und auf Erden wird sein ein großer Untergang.
11. Und alsdann erhob ich mich, und betete, und flehte, und mein Gebet schrieb ich auf für die Geschlechter der Welt, und alles zeigte ich dir, mein Sohn Methusalem!
12. Und als ich herausging unten, und sah den Himmel und die Sonne hervorgehen von Morgen, und den Mond herabsteigen gegen Abend, und einzelne Sterne und die ganze Erde, und alles, was er gekannt hat vom Anfange: Da pries ich den Herrn des Gerichts, und ihm legte ich Größe bei; denn er lässt hervorgehen die Sonne aus den Fenstern des Aufganges, und sie steigt und geht auf unter dem Antlitze des Himmels, und erhebt sich und geht den Weg, welcher ausersehen ist derselben.

Kapitel 84

1. Und ich erhob meine Hände in Gerechtigkeit und pries den Heiligen und Großen. Und ich sprach mit dem Atem meines Mundes und mit der Zunge des Fleisches, welche gemacht hat Gott den Kindern des Fleisches, den Men-

schen, auf dass sie redeten damit – und er begabte sie mit Atem, Zunge und Mund, auf dass sie redeten damit –:

2. Gepriesen seist du, o Herr, König, und groß und mächtig in deiner Größe, o Herr aller Geschöpfe des Himmels, König der Könige, und Gott der ganzen Welt, und dein Reich, und dein Königtum, und deine Größe bleibt in Ewigkeit und in Ewigkeit zu Ewigkeit,
3. und für alle Geschlechter zu Geschlecht ist deine Herrschaft, und alle Himmel sind dein Thron in Ewigkeit, und die ganze Erde der Schemel deiner Füße in Ewigkeit und in Ewigkeit zu Ewigkeit.
4. Denn du hast gemacht, und du regierst alles, und nicht ist zu schwer dir ein Werk, auch nicht eines. Weisheit geht nicht von dir, und wendet sich nicht von dem Sitze deines Thrones, und nicht von deinem Angesicht, und du, alles weißt und siehst und hörst du, und nichts ist, was verborgen wäre vor dir; denn alle siehst du.
5. Und nun die Engel deiner Himmel haben gesündigt, und auf dem Fleisch von Menschen wird sein dein Zorn bis zu dem Tage des großen Gerichts.
6. Und nun, o Gott, Herr und großer König, flehe ich und bitte ich, zu gewähren mir meine Bitte, dass du übrig lassest mir Nachkommenschaft auf der Erde, und nicht verderbest alles Fleisch von Menschen,
7. und nicht entblößest die Erde, und nicht Untergang sei in Ewigkeit.
8. Und nun, mein Herr, vertilge von der Erde das Fleisch, welches dich erzürnt hat, und das Fleisch der Gerechtigkeit und Rechtschaffenheit befestige zur Pflanze des Samens in Ewigkeit. Und verbirg nicht dein Angesicht vor dem Gebet deines Knechtes, o Herr!

Siebzehnter Abschnitt

Kapitel 85

1. Und hierauf sah ich einen anderen Traum, und ganz zeigte ich ihn dir, mein Sohn! Und es erhob sich Henoch und sprach zu seinem Sohne Methusalem: Zu dir will ich reden, mein Sohn! Höre mein Wort und neige dein Ohr zu dem Gesicht des Traumes deines Vaters. Ehe ich nahm deine Mutter Edna, sah ich in einem Gesicht auf meinem Lager,
2. und siehe! hervorging ein Stier aus der Erde,
3. und dieser Stier war weiß.
4. Und nach ihm ging hervor ein weibliches Rind, und mit ihm ging hervor ein Paar Rinder; und eins von ihnen war schwarz und eins rot.
5. Und es schlug jenes schwarze Rind das rote und verfolgte es auf der Erde.
6. Und ich konnte von da an nicht sehen dieses rote Rind, aber jenes schwarze Rind wurde alt, und es kam mit ihm ein weibliches Rind.
7. Und ich sah, dass von ihm hervorkamen viele Stiere, ihm gleichend und nachfolgend ihm.
8. Und jene Kuh, jene erste, ging aus von dem Angesicht jenes ersten Stieres, suchte jenes rote Rind, und fand es nicht,
9. und es wehklagte hierauf eine große Wehklage und suchte dasselbe.
10. Und ich sah, bis kam jener erste Stier nachmals und machte sie still, und von dieser Zeit an schrie sie nicht mehr.
11. Und hierauf gebar sie einen anderen weißen Stier,
12. und nach ihm gebar sie viele Stiere und schwarze Kühe.
13. Und ich sah in diesem meinem Schlafe einen weißen Farren, und so wuchs er und wurde ein großer weißer Farr;
14. und von ihm gingen hervor viele weiße Stiere und glichen ihm,
15. und fingen an zu zeugen viele weiße Stiere, welche ihnen glichen, und folgten einer dem andern.

Kapitel 86

1. Und wiederum sah ich mit meinen Augen, während ich schlief, und ich sah den Himmel oben.
2. Und siehe! ein Stern fiel vom Himmel,
3. und er erhob sich und aß und weidete unter jenen Stieren.
4. Und hierauf sah ich große und schwarze Stiere, und siehe! sie alle veränderten ihre Hürden und Weiden, und ihre Rinder, und sie fingen an wehzuklagen eins nach dem andern. Und wiederum sah ich in dem Gesicht und blickte zum Himmel, und siehe! ich sah viele Sterne, und sie stiegen herab und stürzten sich vom Himmel zu jenem ersten Stern,
5. zwischen jene Rinder; und die Stiere waren mit ihnen, und sie weideten in ihrer Mitte.
6. Und ich blickte nach ihnen und sah sie, und siehe! sie brachten heraus ihre Scham gleich der der Rosse, und fingen an zu steigen auf die Kühe der Stiere; und sie wurden alle trächtig und gebaren Elefanten, Kamele und Esel.
7. Und alle Stiere fürchteten sie und erschraken vor ihnen; und sie fingen an zu beißen mit ihren Zähnen und zu verschlucken und zu stoßen mit ihren Hörnern.
8. Und sie fingen ferner an zu verschlingen jene Stiere, und siehe! alle Kinder der Erde fingen an zu zittern und zu erbeben vor ihnen, und flüchteten sich.

Kapitel 87

1. Und wiederum sah ich sie, und sie fingen an zu stoßen einer den andern, und zu verschlucken einer den andern; und die Erde fing an zu schreien. Und ich erhob meine Augen wiederum zum Himmel und sah in dem Gesicht, und siehe! heraus gingen aus dem Himmel wie Gestalten weißer Menschen. Und einer ging heraus von jenem Orte und drei mit ihm.
2. Und diese drei, welche herausgingen zuletzt, fassten mich bei meiner Hand, und nahmen mich von dem Geschlechte der Erde, und hoben mich auf einen hohen Ort.

3. Und sie zeigten mit einen hohen Turm von der Erde, und es wurden kleiner alle Hügel. Und sie sagten mir: Bleibe hier, bis du siehst alles, was kommen wird über jene Elefanten und Kamele und Esel und über die Sterne und über alle Stiere.

Kapitel 88

1. Und ich sah einen von jenen vier, welche herausgegangen waren zuvor,
2. und er ergriff jenen ersten Stern; welcher herabfiel vom Himmel;
3. und er band ihn an seinen Händen und seinen Füßen, und er warf ihn in eine Tiefe, und diese Tiefe war eng und tief, und grausend und düster.
4. Und einer von ihnen zog sein Schwert und gab es jenen Elefanten und Kamelen und Eseln, und es fing an zu schlagen einer den andern. Und die ganze Erde erbebte unter ihnen.
5. Und als ich sah in dem Gesicht, und siehe! da fuhr einer von jenen vier, welche herausgekommen waren, vom Himmel herab, sammelte und nahm alle diejenigen großen Sterne, deren Scham wie die Scham der Rosse, und band sie alle an ihren Händen und an ihren Füßen und warf sie in die Spalten der Erde.

Kapitel 89

1. Und einer von jenen Vieren ging zu den weißen Stieren und lehrte sie ein Geheimnis, während zitterten jene Stiere. Geboren wurde und entstand ein Mensch, und er baute sich ein großes Hohl, und er blieb darauf und drei Stiere blieben mit ihm in jenem Hohl, und es wurde eine Decke über sie.
2. Und ich erhob wiederum meine Augen gen Himmel und sah ein hohes Dach und sieben Wasserstürze über ihm, und diese sieben Wasserstürze ergossen in einen Hof viel Wasser.

3. Und ich sah wiederum und siehe! Quellen öffneten sich auf der Erde in jenem großen Hofe.
4. Und es fing jenes Wasser an aufzuwallen und sich zu erheben über die Erde, und nicht ließ es sehen jenen Hof, während sein ganzer Boden bedeckt war mit Wasser.
5. Und groß war über ihm das Wasser, und Finsternis und Nebel. Und ich sah an die Höhe dieses Wassers, und es überragte dieses Wasser die Höhe jenes Hofes.
6. Und es überströmte die Höhe des Hofes und stand über der Erde.
7. Und alle die Stiere, welche sich in diesem Hofe versammelt hatten, so lange ich sie sah, gingen unter und wurden verschlungen und vernichtet durch dieses Wasser.
8. Und jenes Hohl schwamm auf dem Wasser. Und alle Stiere und Elefanten und Kamele und Esel sanken unter auf der Erde, und alles Vieh. Und nicht konnte ich sie mehr sehen. Und sie vermochten nicht herauszugehen, sondern sie gingen unter und sanken in die Tiefe.
9. Und wiederum sah ich in dem Gesicht, bis jene Wasserstürze zurückwichen von jenem hohen Dache, und er die Quellen der Erde bedrohte. Und andere Tiefen wurden geöffnet,
10. und es fing das Wasser an hinabzusteigen in dieselben, bis erschien der Erdboden.
11. Und jenes Hohl blieb auf der Erde, und es wich die Finsternis zurück, und es wurde Licht.
12. Und jener weiße Stier, welcher Mensch war, ging heraus aus jenem Hohl und die drei Stiere mit ihm.
13. Und es war der eine von den drei Stieren weiß, ähnlich jenem Stiere, und eine von ihnen rot wie Blut und einer schwarz. Und jener weiße Stier ging hinweg von ihnen.
14. Und es fingen an zu gebären die Tiere des Feldes und die Vögel.
15. Und es geschah von ihnen allen eine Versammlung der Geschlechter: Löwen und Tiger und Hunde und Wölfe und wilde Eber und Füchse und Kaninchen und Schweine
16. und Siset und Geier und Weihe und Fonkas und Raben.
17. Und es wurde geboren in ihrer Mitte ein weißer Stier.

18. Und sie fingen sich an zu beißen untereinander, eines das andere, und jener weiße Stier, welcher geboren war in ihrer Mitte, zeugte einen wilden Esel und einen weißen Stier mit ihm, und viele wilde Esel. Und jener weiße Stier, welcher gezeugt worden war von ihm, zeugte einen schwarzen wilden Eber und ein weißes Schaf.
19. Und jener wilde Eber zeugte viele Schweine,
20. und jenes Schaf gebar zwölf Schafe.
21. Und als erwachsen waren jene zwölf Schafe, übergaben sie eines von ihnen den Eseln.
22. Und jene Esel wiederum übergaben jenes Schaf den Wölfen.
23. Und es wuchs jenes Schaf inmitten der Wölfe.
24. Und der Herr brachte die elf Schafe, damit sie wohnten bei ihm und weideten inmitten der Wölfe.
25. Und sie mehrten sich und es war viel Weide der Schafe.
26. Und die Wölfe fingen an sie zu schrecken und sie zu bedrücken, während sie vernichteten ihre Jungen.
27. Und sie warfen ihre Jungen in einen Strom von vielem Wasser.
28. Und jene Schafe fingen an zu schreien wegen ihrer Jungen und sich zu flüchten zu ihrem Herrn. Und ein Schaf, welches entging den Wölfen, entwich und ging zu den wilden Eseln.
29. Und ich sah die Schafe wehklagen und schreien und bitten ihren Herrn
30. mit aller ihrer Kraft, bis herabstieg jener Herr der Schafe auf den Ruf der Schafe von hoher Wohnung und zu ihnen ging und nach ihnen sah.
31. Und er rief jenes Schaf, welches sich heimlich entzogen hatte den Wölfen, und sprach zu ihm von den Wölfen, kundzutun ihnen, dass sie nicht anrührten die Schafe.
32. Und es ging das Schaf zu den Wölfen mit dem Worte des Herrn, und ein anderes Schaf begegnete ihm und ging mit ihm.
33. Und es kamen beide zusammen in die Wohnung jener Wölfe und redeten mit ihnen und taten ihnen kund, dass sie fortan nicht anrühren sollten die Schafe.

34. Und hierauf sah ich die Wölfe, und wie sie sehr hart waren gegen die Schafe mit aller ihrer Kraft. Und die Schafe schrien und ihr Herr kam zu den Schafen.
35. Und er fing an zu schlagen jene Wölfe, und die Wölfe fingen an zu wehklagen, aber die Schafe wurden still und von da an schrien sie nicht mehr.
36. Und ich sah die Schafe, bis sie ausgingen von den Wölfen. Und die Wölfe – geblendet waren ihre Augen, und es gingen aus, indem sie folgten den Schafen, jene Wölfe mit aller ihrer Macht. Und der Herr der Schafe ging mit ihnen, indem er sie führte,
37. und alle seine Schafe folgten ihm;
38. und sein Antlitz war glänzend, und furchtbar und herrlich sein Anblick. Doch die Wölfe fingen an nachzufolgen jenen Schafen, bis sie sie erreichten an einem Wassersee.
39. Und dieser Wassersee wich zurück, und es stand das Wasser nach hierhin und nach dorthin vor ihrem Angesicht.
40. Und ihr Herr, während er sie führte, stellte sich zwischen sie und zwischen die Wölfe.
41. Und überdies sahen jene Wölfe die Schafe nicht und gingen mitten in den Wassersee, und die Wölfe folgten den Schafen, und es liefen hinter ihnen her jene Wölfe in den Wassersee.
42. Und als sie den Herrn der Schafe sahen, wendeten sie sich, um zu fliehen vor seinem Angesicht.
43. Und jener Wassersee wendete sich wiederum, und es geschah zufolge seiner Natur schnell, und es ging das Wasser und stieg, bis es bedeckte jene Wölfe. Und ich sah, bis alle die Wölfe, welche verfolgt hatten jene Schafe, ersäuft wurden und umkamen.
44. Aber die Schafe gingen weiter von diesem Wasser und zogen aus zu einer Wüste, worin nicht Wasser und Gras war. Und sie fingen an zu öffnen ihre Augen und zu sehen.
45. Und ich sah den Herrn der Schafe nach ihnen sehen und ihnen geben Wasser und Gras,
46. und jenes Schaf, während es ging und sie leitete.
47. Und es stieg dieses Schaf hinauf auf die Spitze jenes hohen Felsens, und der Herr der Schafe schickte es zu ihnen.

48. Und darnach sah ich den Herrn der Schafe, welcher stand vor ihnen, und sein Anblick war furchtbar und streng.
49. Und alle jene Schafe sahen ihn und fürchteten sich vor seinem Antlitz.
50. Und alle diese fürchteten sich und zitterten vor ihm, und sie schrien alle nach jenem Schafe bei ihm, welches hatte das andere Schaf, welches war in ihrer Mitte: Denn wir vermögen nicht zu stehen vor unserem Herrn oder ihn anzublicken.
51. Und es kehrte zurück jenes Schaf, welches sie führte, und stieg auf die Spitze jenes Felsens,
52. und die Schafe fingen an zu verblenden ihre Augen und abzuweichen von dem Pfade, welchen jenes Schaf ihnen gezeigt hatte; aber es erfuhr nichts.
53. Und der Herr der Schafe ward zornig über sie in großem Zorn, und jenes Schaf erfuhr es,
54. und stieg herab von der Spitze des Felsens, und kam zu den Schafen, und fand eine Menge von ihnen,
55. denen verblendet die Augen,
56. und die abgewichen waren von seinem Pfade. Und als sie es sahen, fürchteten sie sich und zitterten vor seinem Antlitz,
57. und verlangten zurückzukehren zu ihrer Hürde.
58. Und dieses Schaf nahm mit sich andere Schafe und kam zu denjenigen Schafen, welche abgewichen waren;
59. und hierauf fing es an sie zu töten, und die Schafe fürchteten sich vor seinem Antlitz. Alsdann hieß es diejenigen, welche abgewichen waren, zurückzukehren; sie gingen zurück zu ihren Hürden.
60. Und ich sah dort in meinem Gesicht, bis dieses Schaf ein Mann wurde, ein Haus baute dem Herrn der Schafe, und alle Schafe hinstellte in dieses Haus.
61. Und ich sah, bis sich niederlegte das Schaf, welches getroffen hatte jenes Schaf, den Führer der Schafe. Und ich sah, bis alle große Schafe umkamen, und kleine erhoben sich an ihrer Stelle, und sie kamen zu einer Weide und nahten sich einem Wasserstrome.

62. Und jenes Schaf, welches sie geführt hatte, welches ein Mann geworden, wurde von ihnen getrennt und legte sich nieder.
63. Und alle Schafe suchten es und schrien über dasselbe ein großes Geschrei,
64. und ich sah, bis sie aufhörten zu schreien nach jenem Schafe und gingen über den Wasserfluss,
65. und es erhoben sich alle die Schafe, welche sie führten, die Pflanze derjenigen, welche sich niedergelegt und sie geführt hatten.
66. Und ich sah jene Schafe, bis sie kamen an einen guten Ort und in ein reizendes und gepriesenes Land.
67. Und ich sah jene Schafe, bis sie gesättigt wurden, und es war ein Haus in ihrer Mitte in dem reizenden Lande, und es gab Zeiten, wo geöffnet waren ihre Augen, und es gab Zeiten, wo man sie verblendete, bis sich erhob ein anderes Schaf und sie führte. Und alle Schafe brachte es zurück, und geöffnet wurden ihre Augen.
68. Und es fingen an die Hunde und die Füchse und die Waldschweine zu verschlingen jene Schafe, bis sich erhob ein anderes Schaf als Herr der Schafe, eins von ihnen, ein Widder, welcher sie führte. Und dieser Widder fing an zu stoßen hierhin und dorthin diese Hunde und Füchse und wilden Schweine, bis er sie alle umbrachte.
69. Und jenes Schaf – geöffnet wurden seine Augen und es sah jenen Widder, inmitten der Schafe, welcher verließ seinen Ruhm,
70. und anfing zu stoßen jene Schafe, sie zu treten und einherzugehen ohne Würde.
71. Und der Herr der Schafe sendete das Schaf zu einem andern und erhob es als Widder, zu führen die Schafe statt jenes Schafes, welches verlassen hatte seinen Ruhm.
72. Und es ging zu ihm, und redete mit ihm allein, und erhob jenen Widder, und machte ihn zum Herzog und Führer der Schafe. Und immerfort bedrängten jene Hunde die Schafe.
73. Und der erste Widder verfolgte diesen letzteren Widder.

74. Und es erhob sich dieser letztere Widder und floh hinweg von seinem Angesicht. Und ich sah, bis jene Hunde zu Fall brachten den ersten Widder.
75. Und es erhob sich jener letztere Widder und führte die kleinen Schafe.
76. Und jener Widder zeugte viele Schafe und legte sich nieder.
77. Und ein kleines Schaf wurde Widder an seiner Statt, und wurde Herzog und Führer jener Schafe.
78. Und es wuchsen und vermehrten sich jene Schafe.
79. Und alle jene Hunde und Füchse und wilden Schweine fürchteten sich und flohen vor ihm.
80. Und jener Widder schlug und tötete alles Wild, und nichts vermochte wiederum jenes Wild inmitten der Schafe, auch raubte es niemals etwas von ihnen.
81. Und jenes Haus wurde groß und weit; und erbaut wurde durch jene Schafe ein hoher Turm auf jenem Hause für den Herrn der Schafe.
82. Und niedrig war jenes Haus, aber der Turm war erhaben und sehr hoch.
83. Und der Herr der Schafe stand über jenem Turm, und einen vollen Tisch brachten sie vor ihn.
84. Und ich sah sie wiederum, jene Schafe, dass sie wiederum abwichen, und sie gingen viele Wege, und verließen dies ihr Haus,
85. und der Herr der Schafe rief einige aus der Mitte der Schafe und sendete sie zu den Schafen.
86. Aber die Schafe fingen an sie zu töten. Und eins von ihnen rettete sich und wurde nicht getötet, und entsprang und schrie über die Schafe, und sie wünschten es zu töten.
87. Und der Herr der Schafe errettete es aus der Hand der Schafe, und ließ es heraufsteigen zu mir und dort bleiben.
88. Und viele andere Schafe schickte er zu jenen Schafen, Zeugnis abzulegen und zu klagen über sie.
89. Und hierauf sah ich, als sie verließen das Haus des Herrn der Schafe und den Turm wegen alles ihres Abweichens und verblendeten ihre Augen,

90. und ich sah den Herrn der Schafe, dass er machte eine große Niederlage unter ihnen je auf ihrer Weide, bis zu ihm schrien jene Schafe ob dieser Niederlage, und er gab preis seinen Ort und ließ sie in der Hand der Löwen und der Tiger und der Wölfe und der Hand der Füchse und aller Tiere des Feldes.
91. Und es fingen diese Tiere des Feldes an zu zerreißen jene Schafe.
92. Und ich sah, dass er verließ jenes Haus derselben und ihren Turm, und sie alle gab in die Hand der Löwen, sie zu zerreißen und zu verschlingen, in die Hände aller Tiere.
93. Und ich fing an zu schreien mit aller meiner Kraft, und rief an den Herrn der Schafe, und machte ihm Anzeige über die Schafe, weil sie verschlungen wurden von allen Tieren des Feldes.
94. Und er schwieg, indem er es sah, und freute sich, weil sie verschlungen und verschluckt und hinweggeschafft wurden, und er ließ sie in der Hand aller Tiere zur Speise. Und er rief siebzig Hirten und überließ ihnen jene Schafe, auf dass sie sähen nach ihnen.
95. Und er sprach zu den Hirten und zu ihren Dienern: Jeder Einzelne von euch sehe fortan nach den Schafen, und alles, was ich euch befehlen werde, tut; und ich übergebe sie euch nach der Zahl.
96. Und ich will euch sagen, welcher umgebracht werden wird von ihnen, und sie bringt um. Und er übergab ihnen jene Schafe.
97. Und einen anderen rief er und sagte ihm: Vernimm und siehe alles, was tun werden die Hirten an diesen Schafen; denn sie werden umbringen aus ihrer Mitte mehr als ich ihnen befohlen habe.
98. Und alles Übermaß und Umbringen, welches begehen werden die Hirten – geschrieben werde es, wie viele sie umbrachten nach meinem Befehl, und wie viele sie umbrachten nach ihrem Kopfe.
99. Und alles Umbringen des einzelnen Hirten – geschrieben werde darüber, und nach der Zahl lies mir vor, und wie viele sie umbrachten nach ihrem Kopfe, und wie viele sie

dahingaben zum Umbringen, auf dass mir sei dieses Zeugnis über sie, auf dass ich kenne alles Tun der Hirten, dass ich sie hingebe und sehe, was sie tun, ob sie handeln nach meinem Befehle, wie ich ihnen befohlen habe, oder nicht.

100. Und kein Einsehen werden sie haben, und nicht sollst du sie sehend machen, noch sie zurechtweisen; aber verzeichnet werde alles Umbringen der Hirten, eines jeden in seiner Zeit, und bring herauf zu mir alles. Und ich sah, bis dass jene Hirten Aufsicht hatten in ihrer Zeit. Und sie fingen an zu töten und umzubringen viele über ihren Befehl,

101. und sie ließen jene Schafe in der Hand der Löwen. Und es verschlangen und verschluckten den größten Teil der Schafe Löwen und Tiger, und wilde Eber verschlangen mit ihnen. Und sie verbrannten jenen Turm und untergruben jenes Haus.

102. Und ich war traurig gar sehr wegen des Turmes, weil untergraben war das Haus der Schafe.

103. Und hierauf vermochte ich nicht zu sehen jenes Haus.

104. Und die Hirten und ihre Diener gaben jene Schafe hin allen Tieren, auf dass sie sie verschlangen; und jedes Einzelne von ihnen in seiner Zeit und Zahl wurde hingegeben. Und jeden Einzelnen von ihnen mit dem anderen verzeichnete er in einem Buche, wie viele er umbrachte von ihnen, mit dem anderen, in einem Buche.

105. Und mehr als ihnen befohlen war, tötete jeder Einzelne und brachte er um.

106. Und ich fing an zu weinen und war gar sehr erzürnt wegen jener Schafe.

107. Und so sah ich in dem Gesicht ihn, welcher schrieb, wie er aufschrieb den Einzelnen, welcher umgebracht war von jenen Hirten an jedem Tage; und er stieg hinauf, blieb und zeigte sein ganzes Buch dem Herrn der Schafe, alles, was sie getan hatten, und alle, welche jeder hinwegschaffte von ihnen,

108. und alles, was sie dahingegeben hatten zum Umbringen.

109. Und das Buch wurde gelesen vor dem Herrn der Schafe, und er nahm das Buch in seine Hand, und las es, und versiegelte es und legte es hin.

110. Und hierauf sah ich, dass Aufsicht führen Hirten zwölf Stunden lang.
111. Und siehe! drei von jenen Schafen kehrten um und traten ein, und fingen an zu bauen alles, was verfallen war von jenem Hause.
112. Und die Eber des Feldes hinderten sie und vermochten nichts.
113. Und sie fingen an wiederum zu bauen, wie zuvor, und richteten auf jenen Turm, und man nannte den Turm hoch.
114. Und sie fingen an wiederum zu setzen vor den Turm einen Tisch, und alles Brot, welches darauf, war unsauber und nicht rein;
115. und über alles waren dieser Schafe Augen verblendet und sie sahen nicht, und auch ihre Hirten wie sie.
116. Und sie gaben auch die Hirten hin zum Umbringen in Menge, und mit ihren Füßen zertraten sie die Schafe und verschlangen sie.
117. Und der Herr der Schafe schwieg, bis vermindert waren alle Schafe auf dem Felde, und sie vermischten sich mit ihnen und retteten sie nicht aus der Hand der Tiere.
118. Und jener, welcher schrieb das Buch, brachte es hinauf, und zeigte es und las in den Wohnungen des Herrn der Schafe, und bat ihn ihretwegen und betete, indem er anzeigte jede Tat der Hirten, und zeugte vor ihm gegen alle Hirten. Und er nahm, legte hin bei ihm das Buch, und ging hinaus.

Kapitel 90

1. Und ich sah bis zu der Zeit, dass auf solche Weise Aufsicht führten siebenunddreißig Hirten, und sie endeten alle in ihrer Zeit, wie die ersten. Und andere erhielten sie in ihre Hände, dass sie Aufsicht führten über sie je in ihrer Zeit, alle Hirten je in ihrer Zeit.
2. Und darauf sah ich in dem Gesicht: Alle Vögel des Himmels kamen, Adler und Geier, Weihen und Raben. Und die Adler leiteten sie alle.

3. Und sie fingen an zu verschlingen jene Schafe und auszuhacken ihre Augen und zu verschlingen ihre Leiber.
4. Und die Schafe schrien, weil verschlungen wurden ihre Leiber von den Vögeln.
5. Und ich schrie und seufzte in meinem Schlafe gegen jenen Hirten, welcher beaufsichtigte die Schafe.
6. Und ich sah, bis verschlungen wurden jene Schafe von den Hunden, von den Adlern und von den Weihen. Und sie ließen ihnen durchaus nicht den Leib, noch die Haut, noch Muskeln, bis dastanden allein ihre Gebeine, und ihre Gebeine fielen auf die Erde. Und vermindert wurden die Schafe.
7. Und ich sah, bis eine Zeit lang Aufsicht führten dreiundzwanzig Hirten, und sie erfüllten, je in ihrer Zeit, achtundfünfzig Zeiten.
8. Und kleine Lämmer wurden geboren von jenen weißen Schafen, und sie fingen an, ihre Augen zu öffnen und zu sehen, und zu schreien zu den Schafen.
9. Und die Schafe schrien nicht nach ihnen, und nicht hörten sie, was sie sagten, sondern waren gewaltig taub, und verblendet ihre Augen gewaltig und mächtig.
10. Und ich sah in dem Gesicht Raben herabfliegen auf jene Lämmer;
11. und sie nahmen eins von diesen Lämmern und zermalmten die Schafe und verschlangen sie.
12. Und ich sah, bis hervorgingen Hörner an jenen Lämmern, und die Raben suchten herabzuwerfen ihre Hörner.
13. Und ich sah, bis hervorsproßte ein großes Horn, eines von jenen Schafen, und geöffnet wurden ihre Augen.
14. Und es sah nach ihnen; und es taten sich auf ihre Augen, und es schrie zu den Schafen.
15. Und die Ochsen sahen es, und es liefen sie alle zu ihm.
16. Und trotz dessen brachten alle jene Adler und Geier und Raben und Weihen bis jetzt um die Schafe, flogen auf sie herab und verschlangen sie. Die Schafe aber wurden still, und die Ochsen wehklagten und schrien.
17. Und jene Raben stritten und kämpften mit ihm.

18. Und sie schauten sich um, zu entfernen sein Horn, und sie besiegten ihn nicht.
19. Und ich blickte auf sie, bis kamen die Hirten, und die Adler, und jene Geier und Weihen;
20. und sie schrien zu den Raben, dass sie zerbrächen das Horn jenes Ochsen, und sie haderten mit ihm und stritten. Und er kämpfte mit ihnen und schrie, dass ihm käme seine Hilfe.
21. Und ich sah, bis kam jener Mann, welcher aufschrieb die Namen der Hirten und hinaufbrachte vor den Herrn der Schafe.
22. Und dieser half ihm und ließ jeden sehen, dass er herabstieg als Hilfe des Ochsen.
23. Und ich sah, bis kam zu ihnen jener Herr der Schafe im Zorn; und diejenigen, welche ihn sahen, sie alle flohen. Und es fielen nieder alle in seinem Zelte vor seinem Angesicht; alle Adler und Geier und Raben und Weihen versammelten und brachten mit sich alle Schafe des Feldes.
24. Und es kamen sie alle zusammen und bestrebten sich zu zerbrechen jenes Horn des Ochsen.
25. Und ich sah den Mann, welcher schrieb das Buch nach dem Wort des Herrn, bis er öffnete jenes Buch des Umbringens, was hatten umbringen lassen diese letzten zwölf Hirten, und er zeigte, dass sie mehr als die vor ihnen umgebracht hatten, vor dem Herrn der Schafe.
26. Und ich sah, bis kam zu ihnen der Herr der Schafe, und nahm in seine Hand den Stecken seines Zorns und schlug die Erde, und es zerriss die Erde, und alle Tiere und Vögel des Himmels fielen von jenen Schafen herab und sanken in die Erde, und sie überdeckte sie.
27. Und ich sah, bis gegeben wurde den Schafen ein großes Schwert, und es gingen aus die Schafe gegen diese Tiere des Feldes, sie zu töten,
28. und alle Tiere und Vögel des Himmels flohen hinweg aus ihrem Antlitz.
29. Und ich sah, bis ein Thron aufgerichtet wurde in einem reizenden Lande.

30. Und es saß auf demselben der Herr der Schafe und nahm alle versiegelten Bücher;
31. und er öffnete diese Bücher vor dem Herrn der Schafe.
32. Und es rief der Herr jene sieben ersten Weißen und befahl, dass sie brächten vor ihn von den Sternen den ersten, welcher voranging jenen Sternen, deren Scham gleich der Scham der Rosse, und den ersten Stern, welcher zuerst herabfiel; und sie brachten sie alle vor ihn.
33. Und er sprach zu jenem Manne, welcher schrieb vor ihm, welcher war einer von den sieben Weißen, und er sprach zu ihm: Nimm jene siebzig Hirten, welchen ich übergab die Schafe, und welche nach ihrer Übernahme mehr töteten als die, welche ich ihnen befohlen hatte. Und siehe! sie alle gebunden sah ich, und sie standen vor ihm alle. Und das Gericht geschah zuerst über die Sterne, und sie wurden gerichtet und waren schuldig befunden und gingen zu dem Orte des Gerichts. Und sie stießen sie in eine Tiefe, und sie war voll Feuers und brennend und voller Säulen von Feuer. Und jene siebzig Hirten wurden gerichtet und waren schuldig befunden, und hinabgestoßen wurden sie in jene Untiefe des Feuers.
34. Und ich sah in dieser Zeit, dass sich öffnete eine von den Untiefen, wie die in der Mitte der Erde, welche voll Feuers.
35. Und sie brachten jene verblendeten Schafe, und sie wurden gerichtet alle und schuldig befunden und hinabgestoßen in diese Tiefe des Feuers und verbrannt.
36. Und diese Untiefe war zur Rechten jenes Hauses.
37. Und ich sah jene Schafe, indem sie brannten und ihre Gebeine brannten.
38. Und ich stand und sah, bis er versenkte jenes alte Haus, und sie brachten heraus alle Säulen, jede Pflanze und das Elfenbein dieses Hauses, worein gehüllt seine Gebilde, und sie brachten es heraus und legten es an einen Ort zur Rechten der Erde.
39. Und ich sah den Herrn der Schafe, bis er hervorbrachte ein neues Haus, größer und höher als jenes erste, und er stellte es an den Ort des ersten, welches eingehüllt worden war. Und alle seine Säulen waren neu, und sein Elfenbein neu

und stärker als das erste alte, welches er herausgebracht hatte,
40. und der Herr der Schafe in seiner Mitte. Und ich sah alle Schafe, welche übrig geblieben waren; und alles Vieh, welches auf der Erde, und alle Vögel des Himmels fielen nieder und warfen sich hin vor diesen Schafen, flehten zu ihnen und hörten auf sie in allem Worte.
41. Und darauf brachten jene drei, welche weiß gekleidet waren und mich gefasst hatten bei meiner Hand, diejenigen, welche mich zuvor hatten hinaufsteigen lassen – und die Hand dessen, welcher sprach, hielt mich –, mich hinauf und setzten mich in die Mitte jener Schafe, ehe stattfand das Gericht.
42. Und diese Schafe waren alle weiß und ihre Wolle groß und rein. Und alle, welche umgebracht und vernichtet worden waren, und alle Tiere des Feldes und alle Vögel des Himmels wandten sich zurück zu diesem Hause, und der Herr der Schafe freute sich mit großer Freude, weil sie alle gut waren und zurückkehrten zu dem Hause.
43. Und ich sah, bis sie niederlegten jenes Schwert, welches gegeben worden war den Schafen, und sie brachten es zurück in das Haus und versiegelten es vor dem Angesichte des Herrn.
44. Und alle Schafe wurden eingeschlossen in diesem Hause, und es fasste sie nicht, und die Augen aller wurden geöffnet, und sie sahen den Guten, und nicht einer, welcher ihn nicht schaute, war unter ihnen.
45. Und ich sah, dass dieses Haus groß war, und weit und voll gar sehr. Und ich sah, dass geboren wurde ein weißes Rind, und seine Hörner waren groß, und alle Tiere des Feldes und alle Vögel des Himmels fürchteten es und flehten zu ihm zu aller Zeit.
46. Und ich sah, bis verändert wurden alle Geschlechter derselben, und sie wurden alle zu weißen Rindern.
47. Und das erste in ihrer Mitte wurde zum Worte, und dieses Wort wurde zu einem großen Tiere, und an ihm, auf seinem Kopfe, waren große schwarze Hörner.

48. Und der Herr der Schafe freute sich über sie und über alle Rinder.
49. Und ich ruhte in ihrer Mitte, erwachte und sah das alles. Und dies ist das Gesicht, welches ich sah, indem ich schlief. Und ich erwachte und pries den Herrn der Gerechtigkeit, und ihm gab ich die Ehre.
50. Und hierauf weinte ich ein großes Weinen, und meine Träne stand nicht still, bis ich nicht vermochte es zu ertragen, wenn ich sie sähe herabsteigen wegen dessen, was ich gesehen hatte. Denn alles wird kommen und erfüllt werden. Und alles in jedem einzelnen Teile des Handelns der Menschen wurde mir gezeigt.
51. Und in jener Nacht erinnerte ich mich meines ersteren Traumes, und deshalb weinte ich und war bestürzt, weil ich gesehen hatte jenes Gesicht.

Achtzehnter Abschnitt

Kapitel 91

1. Und nun, mein Sohn Methusalem, rufe zu mir alle deine Brüder, und versammle zu mir alle Kinder deiner Mutter; denn eine Stimme ruft mich, und der Geist ist ausgegossen über mich, auf dass ich euch zeige alles, was euch begegnen wird bis in Ewigkeit.
2. Und von ihm ging Methusalem und rief alle seine Brüder zu ihm und versammelte seine Verwandten.
3. Und er sprach zu allen seinen Kindern trefflich
4. und sagte: Hört, meine Kinder, jedes Wort eures Vaters, und vernehmt gebührend die Stimme meines Mundes; denn ich werde euch hören lassen und zu euch reden. Meine Lieben! Liebt Rechtschaffenheit, und wandelt in ihr.
5. Und naht euch nicht der Rechtschaffenheit mit zwiefachem Herzen, und verbindet euch nicht mit denen, welche zwiefachen Herzens, sondern wandelt in Gerechtigkeit,

meine Kinder, und sie wird euch führen auf guten Wegen, und Gerechtigkeit wird euch sein Begleiterin.
6. Denn ich weiß, dass stark werden wird der Zustand der Bedrückung auf der Erde, und es wird vollendet werden große Strafe auf der Erde, und es wird zu Ende kommen alle Ungerechtigkeit und abgeschnitten werden von ihren Wurzeln, und jedes Gebäude wird vergehen. Und wiederholen wird sich abermals die Ungerechtigkeit und das Werk der Bedrückung und Vergehen zum zweiten Male.
7. Und wenn zunehmen wird Ungerechtigkeit und Sünde und Gotteslästerung und Bedrückung und jedes böse Werk, und zunehmen wird Übertretung, Vergehen und Unreinigkeit, dann wird große Strafe sein vom Himmel über alle diese.
8. Und hervorgehen wird der heilige Herr in Zorn, und über sie alle wird große Strafe vom Himmel verhängt werden.
9. Und hervorgehen wird der heilige Herr in Zorn und mit Strafe, auf dass er Gericht halte auf der Erde.
10. Und in jenen Tagen wird abgeschnitten werden die Bedrückung von ihren Wurzeln, und die Wurzeln der Ungerechtigkeit samt dem Betruge werden ausgerottet werden unter dem Himmel.
11. Und alles wird hingegeben werden mit den Völkern; der Turm wird in Feuer verbrennen, und sie werden sie herausbringen von der ganzen Erde, und sie werden geworfen werden in ein Gericht des Feuers, und sie werden umkommen in Zorn und durch ein hartes Gericht, welches für die Ewigkeit.
12. Und erheben wird sich der Gerechte aus dem Schlummer, und erheben wird sich die Weisheit und ihnen gegeben werden.
13. Und alsdann werden abgeschnitten werden die Wurzeln der Ungerechtigkeit und die Sünder umkommen durch das Schwert, von den Gotteslästerern werden sie abgeschnitten werden an jedem Orte.
14. Und diejenigen, welche auf Bedrückung sinnen, und diejenigen, welche übten Gotteslästerung, werden umgebracht werden durch das Schwert.

15. Und nun, meine Kinder, will ich euch sagen und euch zeigen die Wege der Gerechtigkeit und die Wege der Bedrückung.
16. Und ich will sie euch zeigen wiederum, auf dass ihr wisst, was kommen wird.
17. Und nun hört, meine Kinder, und geht auf dem Wege der Gerechtigkeit, und geht nicht auf dem Wege der Bedrückung; denn umkommen werden in Ewigkeit alle diejenigen, welche gehen werden auf dem Wege der Ungerechtigkeit.

Neunzehnter Abschnitt

Kapitel 92

1. Was geschrieben wurde von Henoch dem Schreiber, diese ganze Lehre der Weisheit von jedem gerühmten Manne, und dem Richter der ganzen Erde, ist für alle meine Kinder, welche wohnen werden auf der Erde, und für die nachfolgenden Geschlechter, welche wirken werden Rechtschaffenheit und Frieden.
2. Nicht möge sich bekümmern euer Geist wegen der Zeiten; denn Tage hat gegeben der Heilige, der Große allem.
3. Und es wird sich erheben der Gerechte, aus dem Schlummer wird er sich erheben und wandeln auf dem Wege der Gerechtigkeit; und alle seine Wege und seine Gänge sind in Güte und in ewiger Gnade. Gnädig wird er sein dem Gerechten, wird geben Rechtschaffenheit für ewig und geben Macht. Und er wird sein in Güte und in Gerechtigkeit, und wird wandeln im ewigen Licht. Und die Sünde wird in Finsternis untergehen für ewig, und daher nicht gesehen werden von jenem Tage an bis in Ewigkeit.

Kapitel 93

1. Und hierauf geschah es, dass Henoch anfing zu berichten aus Büchern.
2. Und es sprach Henoch: Von den Kindern der Gerechtigkeit und von den Auserwählten der Welt und von der Pflanze der Gerechtigkeit und Rechtschaffenheit:
3. Dieses will ich zu euch sprechen und euch anzeigen, meine Kinder, ich, der da Henoch, nach dem, was mir erschienen ist. Von meinem himmlischen Gesicht und von der Stimme der heiligen Engel habe ich Kenntnis erlangt, und von dem Getröpfel des Himmels habe ich Einsicht empfangen.
4. Und es fing also Henoch an zu berichten aus Büchern und sagte: Ich bin am siebenten geboren in der ersten Woche, so lange als Gericht und Gerechtigkeit langmütig waren.
5. Und es wird sich erheben nach mir, in der zweiten Woche, große Bosheit, und Betrug schießt auf;
6. und in derselben wird sein das erste Ende, und in derselben wird unversehrt sein ein Mann.
7. Erfüllte sie sich, so wird wachsen die Ungerechtigkeit, und den Beschluss wird er ausführen an den Sündern.
8. Und hierauf, in der dritten Woche, in ihrer Erfüllung, wird ausgewählt werden ein Mann zur Pflanze des Gerichts der Gerechtigkeit, und nach ihm wird kommen die Pflanze der Gerechtigkeit für ewig.
9. Und hierauf, in der vierten Woche, in ihrer Erfüllung, werden Gesichte der Heiligen und der Gerechten gesehen werden, und Verordnungen für Geschlecht zu Geschlecht, und Wohnung wird gemacht werden für sie. Und hierauf, in der fünften Woche, in ihrer Erfüllung, wird das Haus des Ruhms und der Herrschaft aufgerichtet werden bis in Ewigkeit.
10. Und hierauf, in der sechsten Woche, werden diejenigen, welche in derselben sind, verfinstert sein allzumal, und vergessen wird das Herz von ihnen allen die Weisheit, und in ihr wird auftreten ein Mann.

11. Und in ihrer Erfüllung wird verbrennen das Haus der Herrschaft im Feuer, und in derselben werden sie zerstreuen das ganze Geschlecht der auserwählten Wurzel.
12. Und hierauf, in der siebenten Woche, wird sich erheben ein verkehrtes Geschlecht, und viel wird sein seiner Taten, und alle seine Taten verkehrt; und in ihrer Erfüllung werden belohnt werden die Gerechten, die Auserwählten von der Pflanze der ewigen Gerechtigkeit, sie, denen gegeben werden wird siebenfache Belehrung für seine ganze Schöpfung.
13. Und hierauf wird sein eine andere Woche, die achte, die der Gerechtigkeit; und es wird ihr gegeben werden ein Schwert, auf dass geschehe das Gericht und Gerechtigkeit gegen alle, welche bedrückten.
14. Und es werden übergeben werden die Sünder in die Hände der Gerechten, und in ihrer Erfüllung werden sie erlangen Häuser von ihrer Gerechtigkeit, und es wird erbaut werden das Haus des großen Königs bis in Ewigkeit. Und hierauf in der neunten Woche, in ihr wird das Gericht der Gerechtigkeit offenbart werden der ganzen Welt.
15. Und alle Werke der Gottlosen werden verschwinden von der ganzen Erde hinweg; und es wird bestimmt werden zur Zerstörung der Welt, und alle Menschen werden schauen nach dem Wege der Rechtschaffenheit.
16. Und nach diesem in der zehnten Woche, im siebten Teile, in demselben ist das Gericht, welches für die Ewigkeit und wird gehalten werden gegen die Wächter, und ein Himmel, welcher für die Ewigkeit, ein großer, welcher hervorsprosst aus der Mitte der Engel.
17. Und der frühere Himmel – er wird hinwegkommen und vergehen, und ein neuer Himmel wird sich zeigen, und alle himmlischen Mächte werden leuchten in Ewigkeit siebenfach. Und hierauf werden viele Wochen, deren keine Zahl ist in Ewigkeit, in Güte und in Gerechtigkeit sein.
18. Und Sünde wird von da an nicht erwähnt bis in Ewigkeit.
19. Denn wer ist unter allen Kindern der Menschen, der hören könnte die Stimme des Heiligen und nicht bewegt wird?

20. Und wer ist, der denken könnte seine Gedanken? Und wer ist, der schauen könnte das ganze Werk des schönen Himmels? Und wer ist, der einsehen könnte das Werk des Himmels?
21. Und mag er sehen seine Belebung, doch nicht seinen Geist, und kann er reden davon, doch nicht hinaufsteigen, und sähe er alle Flügel derselben und bedächte sie, so wird er doch nichts machen ihnen gleich.
22. Und wer ist unter allen Menschen, welcher könnte erkennen, wie ist die Breite und Länge der Erde?
23. Und wem ist gezeigt worden die Größe von allem diesem? Und ist es jeder Mann, welcher könnte erkennen die Länge des Himmels, und wie seine Höhe ist, und worüber seine Befestigung,
24. und wie groß die Zahl der Sterne ist, und wo ruhen alle Lichter?

Kapitel 94

1. Und nun will ich euch sagen, meine Kinder, liebt Gerechtigkeit und wandelt in ihr; denn die Pfade der Gerechtigkeit sind würdig, genommen zu werden, und die Pfade der Ungerechtigkeit werden plötzlich vernichtet werden und sich mindern.
2. Und Männern, erkannt vom Geschlecht, werden offenbart werden die Wege der Bedrückung und des Todes, und sie werden sich fernhalten von ihnen und ihnen nicht folgen.
3. Und nun spreche ich auch zu euch, zu den Gerechten: Geht nicht auf dem Weg des Bösen und der Bedrückung, und nicht auf den Wegen des Todes, und naht euch ihnen nicht, auf dass ihr nicht umkommt, sondern begehrt
4. und erwählt euch Gerechtigkeit und ein wohlgefälliges Leben.
5. Und geht auf den Wegen des Friedens, auf dass ihr lebt und würdig seid, und behaltet in dem Gedanken eures Herzens und vertilgt nicht mein Wort aus eurem Herzen; denn ich weiß, dass veranlassen werden die Sünder den Menschen zu vollbringen boshafte List. Und jeder Ort

wird nicht entgegenkommen derselben, noch jeder Rat gemindert werden.
6. Wehe denjenigen, welche aufbauen Ungerechtigkeit und Bedrückung und begründen Betrug; denn plötzlich werden sie gestürzt werden, und ihnen wird kein Friede!
7. Wehe denjenigen, welche aufbauen ihre Häuser mit Sünde; denn all ihr Grund wird eingestürzt werden, und durch das Schwert werden sie fallen! Und diejenigen, welche besitzen Gold und Silber – im Gericht werden sie plötzlich umkommen. Wehe euch Reichen! Denn auf euren Reichtum habt ihr vertraut; aber aus eurem Reichtum werdet ihr herausgehen, weil ihr des Erhabenen nicht gedacht habt in den Tagen eures Reichtums.
8. Ihr habt begangen Gotteslästerung und Ungerechtigkeit, und bereitet seid ihr für den Tag des Blutvergießens und für den Tag der Finsternis und für den Tag des großen Gerichts.
9. So spreche ich und zeige euch an, dass euch verderben wird er, welcher euch geschaffen hat.
10. Und über euren Fall wird nicht sein Mitleid, und euer Schöpfer wird sich freuen über euren Untergang.
11. Und eure Gerechten in jenen Tagen werden sein zur Schmach den Sündern und den Gottlosen.

Kapitel 95

1. Wer gibt meinen Augen, dass sie würden zur Wasserwolke, und ich weinte über euch und ließ fließen meine Träne wie eine Wasserwolke, und ruhte von der Betrübnis meines Herzens.
2. Wer hat euch gestattet zu üben Hass und Bosheit? Und erreichen wird euch, die Sünder, das Gericht.
3. Nicht fürchten werden sich die Gerechten vor den Sündern; denn wiederum wird sie bringen der Allherrscher in eure Hand, auf dass ihr übt an ihnen Gericht nach eurem Gefallen.
4. Wehe euch, die ihr verflucht in Flüchen, dass ihr nicht löst; und Heilung ist fern von euch wegen eurer Sünde. Wehe

euch, die ihr lohnt Böses eurem Nächsten; denn ihr werdet belohnt werden nach euren Werken.

5. Wehe euch, ihr Zeugen der Lüge, und denen, welche entsprechen der Ungerechtigkeit; denn plötzlich werdet ihr umkommen.
6. Wehe euch, den Sündern; denn die Gerechten vertreibt ihr, denn ihr nehmt auf und vertreibt die der Ungerechtigkeit, und es wird über euch stark sein ihr Joch.

Kapitel 96

1. Hofft, ihr Gerechten; denn plötzlich werden vernichtet werden die Sünder vor euch, und Herrschaft wird euch sein über sie nach eurem Gefallen.
2. Und an dem Tage der Not der Sünder werden erhöht und erhoben werden, wie Adler, eure Nachkommen. Und höher als des Geiers wird sein euer Nest, und ihr werdet hinaufsteigen und eingehen in die Höhlen der Erde und in die Spalten der Felsen in Ewigkeit, wie Kaninchen, von den Ungerechten hinweg;
3. und sie werden seufzen über euch und weinen gleich Sirenen.
4. Und ihr werdet nicht fürchten diejenigen, welche euch verletzten; denn Heilung wird euch sein, und ein glänzendes Licht wird euch leuchten, und die Stimme der Ruhe werdet ihr hören vom Himmel. Wehe euch, ihr Sünder! Denn euer Reichtum macht euch gleich den Gerechten, aber euer Herz wird euch vorwerfen, dass ihr Sünder seid. Und dieses Wort wird sein gegen euch ein Zeuge, zur Erinnerung an die Bosheit.
5. Wehe euch, die ihr verschlingt das Fett des Weizens und trinkt die Kraft der Wurzel der Quelle, und tretet nieder den Demütigen in eurer Kraft.
6. Wehe euch, die ihr trinkt Wasser zu jeder Zeit; denn plötzlich wird euch vergolten werden, und ihr werdet vernichtet werden und verdorren, weil ihr vergaßt die Quelle des Lebens.

7. Wehe euch, die ihr übt Ungerechtigkeit und Betrug und Gotteslästerung! Erinnerung wird sein über euch für das Böse.
8. Wehe euch, ihr Mächtigen, die ihr mit Macht niederschlagt Gerechtigkeit; denn kommen wird der Tag eurer Vernichtung. In jenen Tagen werden kommen die Gerechten viele und gute Tage, an dem Tage eures Gerichts.

Kapitel 97

1. Es vertrauen die Gerechten; denn zuschanden werden die Sünder, und sie werden umkommen an dem Tage der Ungerechtigkeit.
2. Kund sein wird es euch; denn der Erhabene wird sich erinnern an euren Untergang, und freuen werden sich die Engel über euren Untergang. Was werdet ihr tun, ihr, die ihr Sünder seid, und wohin werdet ihr fliehen an jenem Tage des Gerichts, wenn ihr hören werdet die Stimme des Gebetes der Gerechten?
3. Und ihr werdet nicht sein wie sie, sondern Zeuge wird sein gegen euch dieses Wort: Genossen wart ihr den Sündern.
4. Und in jenen Tagen werden gelangen die Gebete der Gerechten zu dem Herrn, und zu euch die Tage eures Gerichts, und erwähnt werden wird jedes Wort eurer Ungerechtigkeit vor dem Großen und Heiligen.
5. Und beschämt sein wird euer Antlitz, und verworfen werden jede Tat, welche stark ist in Ungerechtigkeit.
6. Wehe euch, o Sünder, ihr in der Mitte des Meeres und auf dem Trockenen, deren Bericht böse ist über euch! Wehe euch, die ihr in Besitz nahmt Silber und Gold, welches nicht wurde in Gerechtigkeit, und sprecht: Reich sind wir an Reichtum, und es wurde uns Wohlstand, und wir haben in Besitz genommen alles, was wir wünschten;
7. und nun wollen wir tun, was wir dachten; denn Silber haben wir zusammengebracht und angefüllt unsere Scheuern, und gleich vielem Wasser die Landbebauer unserer Häuser.
8. Und wie Wasser wird zerfließen eure Lüge; denn nicht wird euch bleiben der Reichtum, sondern plötzlich aufstei-

gen von euch, weil ihr euch alles in Ungerechtigkeit zueignetet, und ihr werdet starker Verfluchung dahingegeben werden.

Kapitel 98

1. Und nun beschwöre ich euch, die Klugen und die Toren, weil ihr viel hinschaut auf die Erde, und weil ihr Schmuck ausbreitet über euch, ihr Männer, mehr als eine Jungfrau, in Erhabenheit, in Hoheit, in Größe, in Macht und in Silber. Aber Gold, Purpur, Ehre und Reichtum werden wie Wasser verfließen.
2. Deshalb ist Lehre und Weisheit nicht in ihnen, und dadurch werden sie umkommen zugleich mit ihren Gütern und mit aller ihrer Pracht und ihrer Ehre,
3. und in Schmach und in Tötung und in großer Armut wird ihr Geist geworfen werden in einen Ofen des Feuers.
4. Ich habe euch geschworen, o Sünder, dass nicht geworden ist der Berg zum Knechte, und nicht sein wird und nicht ist der Hügel zum Weibe.
5. In einem Jahre ist auch solchermaßen die Sünde nicht gesendet worden auf die Erde, sondern die Menschen haben sie aus ihrem Kopfe geschaffen, und starker Verfluchung werden zuteil diejenigen, welche sie tun;
6. und Unfruchtbarkeit ist dem Weibe nicht gegeben worden, sondern wegen des Werkes ihrer Hände wird sie sterben kinderlos.
7. Ich beschwor euch, o Sünder, bei dem Heiligen und Großen; denn alle eure böse Tat ist offenbar in den Himmeln, und nicht ist in euch eine Tat der Bedrückung verborgen und nicht geheim.
8. Und meint nicht in eurem Geiste und sprecht nicht in eurem Herzen: Denn sie wurden nicht bemerkt, und nicht werden sie sehen alle Sünde. Im Himmel schreibt man das, was ist, an jedem Tage auf vor dem Erhabenen. Von nun an sind sie bemerkt; denn alle eure Bedrückung, womit ihr bedrückt, schreibt man auf an jedem Tage bis zu dem Tage eures Gerichts.

9. Wehe euch, o Toren; denn ihr werdet umkommen in eurer Torheit, und auch die Weisen hört ihr nicht, und Gutes wird euch nicht treffen.
10. Und nun wisst, dass ihr bestimmt seid dem Tage des Unterganges, und hofft nicht, dass leben werden die Sünder, sondern hingehen und sterben, weil ihr nicht wisst das Lösegeld.
11. Denn ihr seid bestimmt für den Tag des großen Gerichts, und für den Tag der Trübsal und großen Schmach für euren Geist.
12. Wehe euch, Verstockte des Herzens, die ihr tut Böses und esst Blut! Woher esst ihr Gutes und trinkt und werdet satt? Weil von allem Guten, welches reichlich geschenkt hat unser Herr der Erhabene, auf der Erde ist. Und nicht wird euch Friede.
13. Wehe euch, die ihr liebt die Taten der Ungerechtigkeit! Warum hofft ihr für euch auf Gutes? Wisst, dass ihr werdet gegeben werden in die Hand der Gerechten, und sie werden abschneiden eure Hälse und euch töten und kein Mitleiden haben gegen euch.
14. Wehe euch, die ihr Freude habt an der Trübsal der Gerechten; denn ein Grab wird nicht gegraben werden für euch.
15. Wehe euch, die ihr vereitelt das Wort der Gerechten; denn nicht wird euch sein Hoffnung des Lebens.
16. Wehe euch, die ihr schreibt das Wort der Lüge und das Wort der Gottlosen; denn sie schreiben ihre Lüge, damit sie hören und nicht vergessen die Torheit.
17. Und nicht wird ihnen Friede werden, sondern des Todes werden sie sterben plötzlich.

Kapitel 99

1. Wehe denen, welche begehen Gottlosigkeiten und das Wort der Lüge loben und ehren. Ihr seid verloren gegangen, und nicht ist in euch gutes Leben.

2. Wehe euch, die ihr verändert die Worte der Rechtschaffenheit; und die Anordnungen, welche für die Ewigkeit, übertreten sie,
3. und machen, dass die Häupter derjenigen, welche nicht Sünder sind, auf der Erde niedergetreten werden.
4. In jenen Tagen werdet ihr Gerechten gewürdigt werden, zu erheben eure Gebete zur Erinnerung, und sie setzt zum Zeugen vor die Engel, damit sie setzen die Sünden der Sünder vor den Erhabenen zur Erinnerung.
5. In jenen Tagen werden bestürzt sein die Völker, und es werden sich erheben die Geschlechter der Völker an dem Tage des Verderbens.
6. Und in jenen Tagen werden diejenigen, welche schwanger werden, hinausgehen und ihre Kinder zerreißen und sie verlassen. Und von ihnen werden fallen ihre Erzeugten, und während sie saugen, werden sie sie hinwerfen und sich nicht wenden zu ihnen und kein Mitleid haben mit ihren Lieben.
7. Wiederum beschwöre ich euch, ihr Sünder; denn dem Tage des Blutes, welcher nicht aufhört, ist bestimmt die Sünde.
8. Und sie werden anbeten Steine, und das, was sie schneiden: Bilder von Gold und von Silber, von Holz und von Ton, und sie werden anbeten unreine Geister, und Dämonen, und jeden Götzen, und in Tempeln. Und gar keine Hilfe wird gefunden werden von ihnen, und sie werden vergessen werden wegen der Torheit ihres Herzens. Und es werden verblendet sein ihre Augen in den Befürchtungen ihres Herzens und in dem Gesicht ihrer Träume, in ihnen werden sie böse sein und fürchten, weil sie alle ihr Tun in Lüge taten, und anbeteten Stein; und sie werden umkommen auf einmal.
9. Und in jenen Tagen sind gesegnet alle diejenigen, welche aufnehmen das Wort der Weisheit, und es verkündigen und nehmen die Wege des Erhabenen, und gehen auf dem Wege der Gerechtigkeit, und nicht böse sind mit denen, welche böse;
10. denn sie werden sicher sein.

11. Wehe euch, die ihr ausbreitet die Bosheit eures Nächsten; denn in der Hölle werdet ihr getötet werden.
12. Wehe euch, die ihr macht den Grund der Sünde und des Betrugs, und denen, welche erbittern auf Erden; denn auf ihr werden sie vernichtet werden,
13. Wehe euch, die ihr baut eure Häuser durch Arbeit anderer; und alle ihr Bau ist Ziegel und Stein der Sünde. Ich sage euch, dass euch nicht wird Friede.
14. Wehe denen, welche verwerfen das Maß und das Erbteil ihrer Väter, welches für Ewigkeit, und lassen nachfolgen ihren Geist dem Götzen; denn nicht wird ihnen Ruhe.
15. Wehe denen, welche Unrecht tun, und helfen der Bedrückung, und töten ihren Nächsten bis zu dem Tage des großen Gerichts; denn er wird niederwerfen euren Ruhm, und legen Bosheit in euer Herz, und erregen den Geist seines Zorns, dass er euch umbringe, euch alle durch das Schwert.
16. Und alle Gerechten und Heiligen werden gedenken eurer Sünde.

Kapitel 100

1. Und in jenen Tagen werden an einem Orte Väter mit ihren Erzeugten erschlagen werden und Brüder mit ihrem Nächsten hinfallen in den Tod, bis es fließen wird wie ein Strom von ihrem Blute.
2. Denn ein Mann wird nicht zurückhalten seine Hand von seinen Kindern, und nicht von den Kindern seiner Kinder; gnädig ist er, dass er sie tötet.
3. Und der Sünder wird nicht zurückhalten seine Hand von seinem geehrten Bruder. Von der Morgenröte bis zum Untergange der Sonne – werden sie getötet werden. Und gehen wird das Pferd bis an seine Brust im Blute der Sünder, und der Wagen wird bis zu seiner Höhe einsinken.
4. Und in jenen Tagen werden die Engel herabsteigen in die Schlupfwinkel und zusammenbringen an einen Ort alle diejenigen, welche halfen der Sünde.

5. Und erheben wird sich der Erhabene an jenem Tage, zu halten das große Gericht über alle Sünder; und Wächter wird er geben über alle Gerechten und Heiligen von den heiligen Engeln, sie werden sie bewachen, wie den Augapfel, bis vernichtet ist alle Bosheit und alle Sünde.
6. Und wenn auch schlafen die Gerechten einen tiefen Schlaf, so ist nicht in ihnen, was sie fürchten sollten, und das Wahre werden sehen die weisen Menschen.
7. Und verstehen werden die Kinder der Erde jedes Wort dieses Buches, und erkennen, dass nicht vermag ihr Reichtum sie zu retten in dem Sturz ihrer Sünde.
8. Wehe euch, o Sünder, wenn ihr quälen werdet die Gerechten an dem Tage heftiger Drangsal und sie verbrennen lasst im Feuer; ihr werdet belohnt werden nach euren Werken.
9. Wehe euch, o Verderbte des Herzens, die ihr wacht einzusehen das Böse! Und es geschieht, dass euch erreicht die Furcht, und niemand ist, der euch helfe.
10. Wehe euch, Sünder; denn wegen des Wortes eures Mundes und wegen der Werke eurer Hände, welche Taten eurer Gottlosigkeit sind, werdet ihr in der Glut der Flamme des Feuers glühen.
11. Und nun wisst, dass die Engel erforschen werden eure Taten im Himmel von der Sonne und von dem Monde und von den Sternen wegen eurer Sünde, weil auf Erden ihr übt Gericht an den Gerechten.
12. Und zeugen wird über euch jede Wolke, und der Nebel, und der Tau und der Regen; denn sie alle werden zurückgehalten werden von euch, dass sie nicht herabkommen zu euch, und nicht Sorge tragen für eure Sünde.
13. Und gebt ein Geschenk dem Regen, damit er sich nicht zurückhalten lasse und herabkomme auf euch, und dem Tau, wenn er annimmt von euch Gold und Silber. Wenn fällt auf euch der Reif und der Schnee und ihre Kälte, und alle Winde des Schnees und alle ihre Qualen, in jenen Tagen werdet ihr nicht vermögen zu stehen vor ihnen.

Kapitel 101

1. Betrachtet den Himmel, alle ihr Kinder des Himmels, und jedes Werk des Erhabenen, und fürchtet ihn und tut kein Böses vor ihm.
2. Wenn er verschließt die Fenster des Himmels und zurückhält Regen und Tau, dass er nicht herabkommt auf die Erde euretwegen, was wollt ihr da tun?
3. Und wenn er sendet seinen Zorn über euch und über alle eure Werke, so seid ihr nicht diejenigen, welche ihn anflehen; ihr sprecht über seine Gerechtigkeit Großes und Starkes, und euch wird kein Friede.
4. Und seht ihr auch nicht die Könige der Schiffe, wie herumgetrieben von der Woge und fortgerissen von den Winden ihre Schiffe sind und gefährdet werden?
5. Und deshalb haben sie Furcht; denn all ihr schöner Reichtum ging aus in das Meer mit ihnen. Und Gutes denken sie nicht in ihrem Herzen, weil das Meer sie verschlingen wird und sie untergehen werden in ihm.
6. Ist nicht das ganze Meer und alle seine Wasser, alle seine Bewegung ein Werk des Erhabenen? Und er hat alles Wirken desselben versiegelt und es ganz eingeschlossen mit Sand,
7. und bei seinem Schelten wird es trocken und erschrickt, und alles, was in demselben ist. Und ihr Sünder, die ihr auf Erden seid, ihr fürchtet ihn nicht? Ist er nicht der Schöpfer des Himmels und der Erde, und von allem, was in ihnen?
8. Und wer gab Lehre und Weisheit allen denen, welche auf der Erde, und denen, welche im Meere?
9. Fürchten nicht die Könige der Schiffe das Meer? Und Sünder sollten den Erhabenen nicht fürchten?

Kapitel 102

1. Und in jenen Tagen, wo er bringen wird über euch heftiges Feuer, wohin werdet ihr fliehen und wo werdet ihr sicher sein?

2. Und wenn er legt sein Wort auf euch, werdet ihr nicht bestürzt sein und euch fürchten?
3. Und alle Lichter werden bewegt sein in großer Furcht, und die ganze Erde wird bestürzt sein und zittern und Angst empfinden.
4. Und alle Engel vollziehen ihre Befehle und trachten sich zu verbergen vor der großen Herrlichkeit, und zittern werden die Kinder der Erde und bewegt sein.
5. Und ihr Sünder seid verflucht in Ewigkeit, und nicht wird euch Friede.
6. Fürchtet nicht, ihr Seelen der Gerechten, und hofft auf den Tag eures Todes in Gerechtigkeit, und seid nicht traurig, weil hinabsteigt eure Seele in großer Trübsal, Seufzen und Ächzen, und in die Unterwelt in Traurigkeit, und nichts empfing euer Leib in eurem Leben wegen eurer Güte, sondern vielmehr an dem Tage, wo ihr wart, Sünder waren, und an dem Tage der Verfluchung und Züchtigung.
7. Und wenn ihr sterbt, so werden sprechen über euch die Sünder: Wie wir sterben, sterben die Gerechten, und was ist der Nutzen in ihrem Tun? Siehe! gleich uns sterben sie in Traurigkeit und in Finsternis. Und was ist ihr Vorzug vor uns? Von nun an sind wir gleich. Und was werden sie davon tragen und was schauen in Ewigkeit? Denn auch sie, siehe! sind gestorben, und von nun an in Ewigkeit werden sie nicht schauen das Licht. Ich will euch sagen, ihr Sünder: Zur Genüge war euch Speise und Trank, und Beute von Menschen, und Raub und Sünde, und Erwerb von Gütern, und Sehen guter Tage. Habt ihr auch gesehen nach den Gerechten, wie ihr Ende war in Frieden, weil gar keine Bedrückung gefunden wurde an ihnen bis zu dem Tage ihres Todes? Und sie kamen um und wurden wie das, was nicht war, und es stiegen hinab in die Unterwelt ihre Geister in Trübsal.

Kapitel 103

1. Und nun schwöre ich euch, den Gerechten, bei seiner großen Herrlichkeit und seinem Ruhme, bei seinem ruhm-

vollen Königtum und bei seiner Größe schwöre ich euch: Ich weiß dieses Geheimnis, und ich habe gelesen in dem Getröpfel des Himmels, und ich habe gesehen das Buch der Heiligen, und ich habe gefunden, was geschrieben darin und ausgedrückt über sie.

2. Denn alles Gute und Freude und Ehre sind ihnen bereitet worden, und niedergeschrieben für die Geister derer, welche starben in Gerechtigkeit und in vieler Güte. Gegeben werden wird euch die Pflanze eurer Leiden, und euer Teil wird übertreffen den Teil des Lebens.

3. Und leben wird euer Geist, die ihr starbt in Gerechtigkeit; und es werden sich freuen und frohlocken ihre Geister, und Erinnerung ihrer ist vor dem Angesichte des Mächtigen für alle Geschlechter der Welt. Und nun werdet ihr nicht fürchten ihren Schimpf.

4. Wehe euch, o Sünder, wenn ihr sterbt in euren Sünden! Und sprechen werden diejenigen, welche sind wie ihr, über euch: Gesegnet sind diese Sünder; alle ihre Tage haben sie gesehen, und nun sind sie gestorben in Glück und in Reichtum; Unglück und Verderben sahen sie nicht in ihrem Leben, in Ehren sterben sie, und Gericht ward über sie nicht gehalten in ihrem Leben.

5. Wurde ihnen nicht gezeigt, dass sie in die Unterwelt hinabsteigen lassen werden ihre Geister, und Übel sein werden und groß ihre Qual? Und in die Finsternis und in das Netz und in die Flamme, welche brennen wird zu dem großen Gericht, wird eingehen ihr Geist, und das große Gericht wird sein für alle Geschlechter in Ewigkeit.

6. Wehe euch! Denn euch wird nicht Frieden. Nicht werdet ihr sagen zu den Gerechten und zu den Guten, welche im Leben sind: In den Tagen unserer Not waren wir mit Beschwerde beschwert, und jede Not haben wir gesehen und vieles Üble haben wir gefunden;

7. und wir sind aufgerieben und geschwächt, und hinfällig ist unser Geist;

8. wir sind zugrunde gerichtet worden, und nicht war da, der uns helfe. Mit Wort und mit der Tat konnte er nicht. Und

durchaus keinen haben wir gefunden, und wir wurden gedrückt und zugrunde gerichtet.
9. Und wir haben nicht gehofft, dass wir sähen das Leben von Tag zu Tag;
10. und wir hofften zu werden der Kopf,
11. und wir wurden zum Schwanze. Wir wurden bedrängt, während wir wirkten, und wir hatten keine Macht über unsere Drangsal, und wir wurden zur Speise den Sündern. Und die Ungerechten machten schwer auf uns ihr Joch.
12. Und mächtig waren über uns diejenigen, welche uns verabscheuen und welche uns bedrängen, und vor denen, welche uns hassen, beugten wir unseren Hals, und sie waren nicht mitleidig gegen uns.
13. Und wir suchten von ihnen zu gehen, damit wir uns flüchteten und Ruhe hätten, und wir fanden nicht, wohin wir fliehen könnten und sicher wären vor ihnen. Und wir verklagten sie bei Fürsten in unserer Not, und schrien über diejenigen, welche uns verschlangen, aber auf unser Geschrei sahen sie nicht, und nicht suchten sie zu hören unsere Stimme.
14. Und sie halfen denen, welche uns rauben und verschlingen, und denen, welche uns schwächen und verbergen ihre Bedrückung, welche nicht entfernen von uns ihr Joch, sondern uns verschlingen, und uns entnerven, und uns ermorden, und verbergen unsere Ermordung, und sich nicht daran erinnern, dass sie aufgehoben haben ihre Hände über uns.

Kapitel 104

1. Ich beschwöre euch, o Gerechte; denn im Himmel werden erwähnen die Engel über euch Gutes vor der Herrlichkeit des Mächtigen.
2. Hofft; denn zuerst seid ihr beschimpft worden in Elend und Leiden, und nun werdet ihr leuchten wie die Lichter des Himmels, und ihr werdet gesehen werden, und die Tore des Himmels werden euch geöffnet werden. Und euer Geschrei nach dem Gericht – schreit nur und es wird euch

erscheinen; denn von den Fürsten erfragen werden sie alle eure Drangsal, und von allen denen, welche halfen denen, die euch beraubten.

3. Hofft und gebt nicht auf eure Hoffnung; denn werden wird euch große Freude, gleich den Engeln des Himmels. Was ihr auch tun werdet, keineswegs werdet ihr verborgen sein an dem Tage des großen Gerichts, und nicht erfunden werden als Sünder; und das Gericht, welches für ewig, wird fern sein von euch für alle Geschlechter der Welt.
4. Und nun fürchtet nicht, o Gerechte, wenn ihr die Sünder seht erstarken und gedeihen in ihren Begierden!
5. Und seid nicht Genossen mit ihnen, sondern haltet euch fern von ihrer Bedrückung; denn dem Heere des Himmels seid ihr Genossen. Weil ihr sprecht, ihr Sünder: Nicht erforscht werden wird alle unsere Sünde, und nicht wird man sie aufschreiben, so werden sie aufschreiben alle eure Sünde an jedem Tage.
6. Und nun zeige ich es euch an; denn Licht und Finsternis, Tag und Nacht sehen alle eure Sünde. Seid nicht gottlos in eurem Herzen; lügt nicht, und übergebt nicht das Wort der Vollkommenheit; lügt nicht Worte des Heiligen und des Mächtigen, und lobt nicht eure Götzen; denn nicht wird alle eure Sünde und alle eure Gottlosigkeit zur Gerechtigkeit, sondern zu großer Sünde.
7. Und nun will ich anzeigen dies Geheimnis; denn das Wort der Vollkommenheit werden verdrehen und übertreten viele Sünder.
8. Und sie werden sprechen böse Worte, und lügen und schaffen große Schöpfungen, und Bücher werden sie schreiben über ihre Worte. Wenn sie aber schreiben werden alle mein Wort richtig in ihren Sprachen,
9. so werden sie nicht verändern und nicht vermindern von meinen Worten, sondern alles richtig schreiben, alles, was ich zuerst mitgeteilt habe über sie.
10. Und ein anderes Geheimnis will ich euch anzeigen. Denn den Gerechten und den Weisen werden gegeben werden Bücher der Freude, der Vollkommenheit und großer Weisheit, und sie werden an sie glauben,

11. und sie werden sich freuen über sie. Und es werden belohnt werden alle Gerechten; aus ihnen lernten sie kennen alle Wege der Rechtschaffenheit.

Kapitel 105

1. Und in jenen Tagen wird sagen der Herr, damit sie rufen und hören lassen den Kindern der Erde ihre Weisheit: Zeigt sie ihnen, weil ihr ihre Führer seid,
2. und die Vergeltung über die ganze Erde; denn ich und mein Sohn werden uns verbinden mit ihnen in Ewigkeit auf den Wegen der Rechtschaffenheit in ihrem Leben. Und Friede wird euch werden. Freut euch, Kinder der Rechtschaffenheit, in Wahrheit!

Zwanzigster Abschnitt

Kapitel 106

1. Und nach einiger Zeit nahm mein Sohn Methusalem seinem Sohne Lamech ein Weib.
2. Und sie wurde schwanger von ihm und gebar ein Kind, und es war sein Fleisch weiß wie Schnee und rot wie die Blume der Rose; und das Haar seines Hauptes wie Wolle weiß und sein Scheitel, und schön seine Augen, und wenn es sie öffnete, erleuchtete es das ganze Haus wie die Sonne; und Überfluss an Licht hatte das ganze Haus.
3. Und als es genommen wurde aus der Hand der Wehemutter, öffnete es seinen Mund und sprach zu dem Herrn der Gerechtigkeit. Und es fürchtete sich Lamech, sein Vater, vor ihm und floh und kam zu seinem Vater Methusalem und sagte ihm: Ich habe gezeugt einen andersartigen Sohn; nicht ist er wie Menschen, sondern gleicht den Kindern der Engel des Himmels, und seine Natur ist anders, und er ist nicht wie wir.

4. Und seine Augen sind wie die Strahlen der Sonne, sein Angesicht ist herrlich, und es scheint mir, dass er nicht wurde von mir, sondern von den Engeln ist.
5. Und ich fürchte, dass geschehen werde Wunderbares in seinen Tagen auf der Erde.
6. Und nun will ich, mein Vater, dich anflehen und bitten vor dir, dass du gehst zu Henoch, unserem Vater, und hörst von ihm die Wahrheit; denn es ist bei den Engeln seine Wohnung.
7. Und als Methusalem gehört hatte das Wort seines Sohnes, kam er zu mir an die Enden der Erde; denn er hatte gehört, dass ich dort war. Und er rief.
8. Und ich hörte seine Stimme und kam und sagte ihm: Siehe! da bin ich, mein Sohn, weil du gekommen bist zu mir.
9. Und er antwortete mir und sprach: Wegen einer großen Angelegenheit bin ich gekommen zu dir, und wegen eines schweren Gesichts; darum nahte ich mich.
10. Und nun, mein Vater, höre mich; denn es ist geboren dem Lamech, meinem Sohn, ein Kind, welches nicht ist sein Ebenbild und dessen Natur nicht gleich der Natur des Menschen; und seine Farbe ist weißer als der Schnee und röter als die Blume der Rose; und die Haare seines Hauptes sind weißer als weiße Wolle, und seine Augen gleich den Strahlen der Sonne. Und öffnete es seine Augen, so erleuchtete es das ganze Haus;
11. und es wurde genommen aus der Hand der Wehemutter, und öffnete seinen Mund und pries den Herrn des Himmels.
12. Und es fürchtete sich sein Vater Lamech und floh zu mir; er glaubte nicht, dass es von ihm sei, sondern er meint, von den Engeln des Himmels. Und siehe! ich bin zu dir gekommen, damit du mir verkündest die Wahrheit.
13. Und ich, Henoch, antwortete und sagte ihm: Tun wird der Herr Neues auf der Erde. Und dieses habe ich erklärt und gesehen in einem Gesicht, und ich habe es dir verkündet. Denn die Zeitgenossen Jareds, meines Vaters, übertraten das Wort des Herrn von der Höhe des Himmels, und siehe! sie begehen Sünde und übertreten die Anordnungen,

und mit Weibern vermischten sie sich, und mit ihnen begingen sie Sünde, heirateten von ihnen und zeugten mit ihnen Kinder.
14. Und große Verwüstung wird sein auf der ganzen Erde; eine Flut, und große Verwüstung wird in einem Jahre sein.
15. Dieses Kind, welches euch geboren ist, dies wird übrig bleiben auf der Erde, und seine drei Kinder werden gerettet werden mit ihm. Wenn sterben werden alle Menschen, welche auf Erden sind, wird es sicher sein.
16. Und seine Kinder werden zeugen auf der Erde die, welche Riesen nicht des Geistes, sondern des Fleisches. Und es wird sein große Züchtigung auf der Erde, und abgewaschen werden wird die Erde von aller Verdorbenheit. Und nun benachrichtige deinen Sohn Lamech. Denn das, was geboren wurde, ist sein Kind in Wahrheit, und nenne seinen Namen Noah; denn es wird euch sein ein Übriggebliebener. Und er und seine Kinder werden sicher sein vor der Verdorbenheit, welche kommen wird auf der Erde, vor aller Sünde und vor aller Ungerechtigkeit, welche vollbracht werden wird auf der Erde in seinen Tagen. Und darauf wird sein eine Ungerechtigkeit, noch gewaltiger als die, welche vollbracht wurde zuerst auf der Erde. Denn ich weiß die Geheimnisse der Heiligen, weil er, der Herr, mir sie offenbart und verkündet hat, und in dem Getröpfel des Himmels habe ich gelesen.

Kapitel 107

1. Und ich sah, was geschrieben über sie. Denn Geschlecht auf Geschlecht wird sich vergehen, bis sich erheben wird ein Geschlecht der Gerechtigkeit, und Vergehen untergegangen und Sünde gewichen ist von der Erde, und alles Gute nicht erst noch kommen soll auf sie.
2. Und nun, mein Sohn, gehe, benachrichtige deinen Sohn Lamech;
3. denn jenes Kind, welches geboren, ist sein Kind wahrhaftig, und es ist kein Betrug.

4. Und als gehört hatte Methusalem das Wort seines Vaters Henoch, weil er, was verborgen, ihm zeigte, jedes Werk, kehrte er zurück, um zu sehen, und nannte den Namen jenes Kindes Noah, weil es erheitern wird die Erde nach gänzlicher Verwüstung.

Kapitel 108

1. Eine andere Schrift, welche Henoch schrieb für seinen Sohn Methusalem, und für diejenigen, welche kommen werden nach ihm, und beobachten die Anordnungen in den letzten Tagen. Die ihr wirktet und harren werdet in diesen Tagen, bis vernichtet sind diejenigen, welche Übles taten, und vernichtet ist die Macht der Schuldigen: Harret ihr, bis vergeht die Sünde. Denn ihr Name wird ausgestrichen werden aus den Büchern der Heiligen, und ihr Same wird vernichtet werden für ewig, und ihre Geister getötet. Und sie werden schreien und klagen an dem Orte der Wüste, welche nicht gesehen wird, und im Feuer werden sie brennen; denn nicht ist dort Erde. Und ich sah dort, wie eine Wolke, welche nicht sehen ließ; denn wegen ihrer Tiefe vermochte ich nicht in die Höhe zu blicken, und Flammen seines Feuers sah ich, es brannte hell, und sie drehten sich wie glänzende Berge und wurden bewegt hierhin und dorthin.
2. Und ich fragte einen von den heiligen Engeln, welche bei mir, und sagte ihm: Was ist dieses Glänzende? Denn es ist nicht der Himmel, sondern allein Flamme vom Feuer, welches brennt; und eine Stimme des Geschreis und des Weinens und der Klagen und großer Qual.
3. Und er sagte mir: In diesem Ort, welchen du siehst, dorthin werden hinabgestoßen werden die Geister der Sünder und der Gotteslästerer, und derer, welche Böses tun, und derer, welche verkehren alles, was gesprochen hat der Allherrscher durch den Mund der Propheten, was sie tun sollten. Denn es gibt über sie Schriften und Verzeichnisse oben im Himmel, damit sie lesen die Engel, und wissen, was geschehen wird den Sündern und den Geistern der

Demütigen, und denen, welche leiden ließen ihr Fleisch und belohnt worden sind von Gott, und denjenigen, welche beschimpft wurden von bösen Menschen, welche Gott liebten, nicht Gold und nicht Silber liebten, noch an irgend Gutem, was in der Welt, hingen, sondern hingaben ihr Fleisch der Qual,

4. und denjenigen, welche seit sie sind, nicht begehrten Reichtum, welcher auf der Erde, sondern ansahen ihr Haupt als einen Hauch, welcher dahingeht.

5. Und dies beobachteten sie, und viel geprüft hat sie der Herr, und erfunden wurden ihre Geister in Reinheit, dass sie preisen seinen Namen. Und allen ihren Segen habe ich erzählt in Büchern, und er belohnte ihre Häupter; denn sie sind erfunden worden als die, welche lieben den Himmel vor ihrem Odem, welcher für ewig ist. Und während sie niedergetreten wurden von den bösen Menschen, und hörten von ihnen Schmähung und Gotteslästerung, und beschimpft wurden, indem sie mich priesen, werde ich nun rufen die Geister der Guten von dem Geschlechte des Lichtes, und verändern diejenigen, welche geboren wurden in Finsternis, welche in ihrem Fleische nicht wieder empfingen die Ehre, wie es würdig war ihrer Treue.

6. Und ich werde bringen in ein glänzendes Licht diejenigen, welche lieben meinen heiligen Namen, und setzen jeden Einzelnen auf einen Sitz seiner Ehre, und sie werden erhöht werden in Zeiten, welche ohne Zahl ist. Denn Gerechtigkeit ist das Gericht Gottes;

7. denn den Treuen wird er Treue geben in der Wohnung rechtschaffener Wege. Und sie werden sehen diejenigen, welche geboren wurden in Finsternis, und in Finsternis werden hinabgeworfen werden, während erhöht werden die Gerechten. Schreien werden sie und sehen die Sünder, während sie glänzen, und gehen zu dem, was geschrieben worden ist für sie an Tagen und Zeiten.

Hier endet das Gesicht Henochs, des Propheten. Möge der Segen seines Gebetes und die Gabe seiner festgesetzten Zeit sein mit seinen Lieben! Amen.